王娟／著

西部地区
推进新型城镇化
体制和政策研究

西南财经大学出版社

中国·成都

图书在版编目(CIP)数据

西部地区推进新型城镇化体制和政策研究/王娟著.—成都:西南财经
大学出版社,2023.11
ISBN 978-7-5504-5997-7

Ⅰ.①西… Ⅱ.①王… Ⅲ.①城市化—研究—西北地区②城市化—
研究—西南地区 Ⅳ.①F299.21

中国国家版本馆 CIP 数据核字(2023)第 219828 号

西部地区推进新型城镇化体制和政策研究
XIBU DIQU TUIJIN XINXING CHENGZHENHUA TIZHI HE ZHENGCE YANJIU
王娟 著

策划编辑:王利
责任编辑:王利
责任校对:植苗
封面设计:墨创文化
责任印制:朱曼丽

出版发行	西南财经大学出版社(四川省成都市光华村街55号)
网 址	http://cbs.swufe.edu.cn
电子邮件	bookcj@swufe.edu.cn
邮政编码	610074
电 话	028-87353785
照 排	四川胜翔数码印务设计有限公司
印 刷	郫县犀浦印刷厂
成品尺寸	170mm×240mm
印 张	10.75
字 数	183 千字
版 次	2023 年 11 月第 1 版
印 次	2023 年 11 月第 1 次印刷
书 号	ISBN 978-7-5504-5997-7
定 价	68.00 元

前言

　　党的二十大胜利召开，标志着我国正式进入全面建成社会主义现代化强国、实现第二个百年奋斗目标，以中国式现代化全面推进中华民族伟大复兴的新历史阶段。城镇化是人类社会发展的客观趋势，是国家现代化的重要标志，是人类社会迈向现代化的必由之路。为全面建设社会主义现代化国家，我国必须继续深入推进以人为本的新型城镇化战略。改革开放以来尤其是党的十八大以来，随着以人为核心的新型城镇化战略的提出及实施，我国城镇化在加快形成城乡融合发展的体制和政策体系，促进大、中、小城市协调发展等方面进展明显，从而进入发展速度从高速增长转向中高速增长、发展方式由规模扩张转向以提升质量为主的新阶段，即城镇化发展的重点转向提升质量、建立健全适应城乡居民美好生活需要的体制和政策创新方面。

　　高质量发展是我国全面建设社会主义现代化国家的首要任务。当前，推进高质量发展，就要加快构建以国内大循环为主体、国内国际双循环相互促进的新发展格局。为了发挥在加快构建新发展格局中的重要积极作用，新型城镇化需进一步破解城乡二元结构体制和政策难题，走城乡融合发展的道路，从而更大力度地激活城乡市场、释放国内需求。西部地区是我国扩大内需的"最大回旋余地"，也是我国经济发展的巨大潜力所在。因此，突破城乡二元结构等体制和政策束缚，对加快构建新发展格局、促进西部地区高质量发展不仅意义重大而且十分紧迫。成都市是西部地区的超大城市、国家中心城市之一，呈现出大城市带大郊区的空间结构特征。其城乡二元结构一度非常突出，成为启动城市消费、促进城镇化发展的明显障碍。为此，成都市在21世纪初开启了致力于打破城乡二元结构的统筹城乡改革探索，并且因为前期进行了卓有成效的探索实践，于2007年6月7日获批国家统筹城乡综合配套改革试验区。党的十九大召开以后，成都西部片区于2019年12月成为11个国家城乡融合发展试验区之一。习近平总书记在中央财经委员会第六次会议上提出"推动成渝地区双城经济圈建设"，城乡融合发展成为《成渝地区双城经济圈发展规划》部署的9大探索任务之一。成都市在推进新型城镇化的过程中探索城乡融合发展体制和政策的经验值得总结和提炼，这对指导西部乃至全国其他区域推进新型城镇化、促进新发展格局加快形成具有积极的启示和借鉴意义。

本书在习近平新时代中国特色社会主义思想指导下，立足新时代加快构建"双循环"新发展格局、促进高质量发展的背景，运用比较分析、案例调查分析等研究方法，分析我国加快构建以国内大循环为主体、国内国际双循环相互促进的新发展格局，推进以人为核心的新型城镇化的重要性，梳理进入新时代以来新型城镇化发展现状及城乡二元结构、城镇行政管理、领导干部政绩考核、城镇投融资等体制和政策障碍表现及其影响，指出城乡二元结构是推进新型城镇化过程中出现体制和政策问题的根本原因；探讨西部地区新型城镇化发展滞后，大、中、小城市及小城镇发展不协调，城乡差距和地区差距拉大的体制和政策障碍的特殊性表现及其根源；全面系统地总结成都在推进城镇化进程中破解城乡二元结构难题的做法、存在的问题、未来努力的方向和值得借鉴的经验等；梳理西部地区新型城镇化进程中体制和政策变迁过程，分析西部地区新型城镇化过程中的体制和政策问题的特征及未来走向，并主要从城乡要素配置的角度确立西部地区推进新型城镇化过程中的体制和政策创新的两条理论路径——在集聚中走向平衡和持续的权利开放；最后提出西部地区推进新型城镇化的空间形态优化，体制与政策创新因地制宜、分类指导的建议。

本书主要观点如下：从全国层面来看，推进新型城镇化有利于真正释放城乡居民消费潜力、实现城乡要素畅通循环、启动投资需求，从而为构建新发展格局提供强大引擎。对西部地区来讲，推进新型城镇化具有推动就近城镇化发展、保障全国产业链稳定、培育都市圈和城市群等战略枢纽、拓展我国参与国际大循环的空间等特殊性重要性。推进新型城镇化过程中出现的体制和政策问题，最根本的原因在于城乡二元结构体制和政策，克服这一体制和政策难题需要很长时间，不可能短期内一蹴而就。在西部地区新型城镇化进程中，城乡二元结构体制和政策难题的产生，主要是由当时的历史条件决定的，这是客观原因；而地方政府追求规模和政绩工程的冲动，进一步强化了大城市的集聚功能，抑制了其辐射带动作用，这是主观原因。在西部地区，越是欠发达地区，城乡二元结构体制和政策缺陷表现得越明显、越突出，对城镇化的阻碍作用越大。成都市在推进新型城镇化过程中的体制和政策实践探索的宝贵经验表现在较早就从"扩大内需"这一超前理念切入，找准"推动城乡要素平等交换和自由流动以及公共资源合理配置"这一关键着力点，实施从集聚走向平衡的科学路径，推进城乡产业深度融合发展，形成就近城镇化的城镇化空间新格局，建立健全"体系一致、可自由转换"的城乡户籍和社会保障制度等方面。在西部地区新型城镇化进程中，城乡二元结构体制和政策变迁受国家重大战略的影响和驱动更为明显，政府主导作用较强，探索城乡融合发展的动力强劲；城乡融合发展的新型城镇化制度日益呈现出保护农业农村农民利益、高度重视农业转移人口市民化问题、城乡之间日益扩大开放、改革探索坚持系统推进、实施区域间的差异化探索路径等未来趋势；进一步推进新型城镇化过程中的体制和政策创新，一方面要遵从在集聚中走向平衡的总体路径，另一方面要以持续的权利开放作为城乡要素自由有序流动的关键支撑。在未来完善新型城镇化过程中的体制和政策的实践中，西部地区应优化大、中、小城市和小城镇协调发展，城乡融合的新型城镇化空间形态，同时从牢固树立新型城镇化"以人为本"理念、着力提升农业转移人口市民化质量、进一步完善城乡融合发展的体制和政策、争取国家加大对新型城镇化改革创新的支持力度等方面落实相关政策诉求。

本书的内容具有以下特色及创新：一是紧紧围绕着新型城镇化进程中的体制和政策问题来研究。本书对体制、制度、政策的内涵进行了区分，对体制和政策问题的表现、实质、变迁历程及特征和趋势等都进行了较为细致的研究，尽力避免将推进新型城镇化过程中的体制和政策问题与新型城镇化发展问题混为一谈。二是注重研究西部地区推进新型城镇化过程中的体制和政策问题的特殊性。这当中包括分析新发展格局下西部地区推进新型城镇化的特殊性重要性，西部地区新型城镇化过程中的体制和政策问题的特殊表现、产生根源及变迁特征等，增加了研究的深刻性和特色性。三是全面系统地总结成都市城乡融合发展中新型城镇化试验改革探索实践经验。从 2007 年 6 月获批全国统筹城乡综合改革配套试验区以来，成都试验区已运行了约 16 年，积累了许多宝贵经验，值得好好总结。本书结合新时代加快构建新发展格局、促进高质量发展、全面建成社会主义现代化强国要求，吸收最新实践进展，对总结成都市改革试验探索实践经验进行了积极努力。本书无疑对提升西部地区新型城镇化质量、拉动西部地区国内需求，推进全国加快构建"双循环"新发展格局有所助益。但本书实地调查主要集中在四川省内，加之写作计划实施中正值新冠疫情持续之时，部分调研计划被迫中断，调研广度和深度因而受到影响，同时由于笔者学术水平有限，相关理论分析、趋势判断等可能还不完善，有待日后逐步深入研究。

王娟

2023 年 6 月

目录

第一章　总论

第一节　研究背景

党的二十大报告提出了在新时代新征程上中国共产党的使命与任务，即团结带领全国各族人民全面建成社会主义现代化强国、实现第二个百年奋斗目标，以中国式现代化全面推进中华民族伟大复兴；同时强调高质量发展是全面建设社会主义现代化国家的首要任务。城镇化是人类社会发展的客观趋势，是国家现代化的重要标志。世界各国发展经验证明，城镇化是人类社会迈向现代化的必由之路。为全面建设社会主义现代化国家，我国必须继续深入推进以人为本的新型城镇化战略。改革开放以来，我国经历了世界历史上规模最大、速度最快的城镇化进程，并取得了巨大成绩。尤其是党的十八以来，我国进入新时代，随着以人为核心的新型城镇化战略的提出及实施，我国城镇化建设在加快形成城乡融合发展的体制和政策体系，促进大、中、小城市协调发展等方面进展明显，"十三五"期末常住人口城镇化率已经超过60%（实为63.89%），从而进入城镇化发展新阶段。在这个阶段，我国城镇化发展速度从高速增长转向中高速增长，城镇化发展方式由规模扩张转向以提升质量为主，即城镇化发展的重点转向提升质量、建立健全适应城乡居民美好生活需要的体制和政策创新方面。

当前，推进高质量发展，就要加快构建以国内大循环为主体、国内国际双循环相互促进的新发展格局（以下简称"新发展格局"）。要想发挥在加快构建新发展格局中的重要积极作用，推进新型城镇化需要进一步破解城乡二元结构体制和政策难题，走城乡融合发展的道路，从而更大力度地激活城乡市场、释放国内需求。党的十八大以来，我国高度重视新型城镇化过程中的体制和政策改革创新，如党的十八届三中全会提出"健全城镇化发展体制机制"；党的十九大提出"健全完善城乡融合发展的体制机制和政策体系"；党的二十大要求推进以人为核心的新型城镇化，加快农业转移人口市民化。以城市群、都市圈为依托，构建大、中、小城市协调发展格局，推进以县城为重要载体的城镇化建设。此外，从2014年起，国家发展改革委会同有关部门分3批在2个省和246个城市（镇）开展国家新型城镇化综合试点，率先探索城镇化关键制度改革；从2015年起，国家发展改革委牵头制定发布新型城镇化和城乡融合发展年度重点任务并推进各地区和有关部门单位全面实施。

西部地区是我国扩大内需的"最大回旋余地"，也是我国经济发展的巨大潜力所在，对全国加快构建新发展格局具有积极重要的战略作用。因此，突破城乡二元结构等体制和政策束缚，对加快构建新发展格局、促进西部地区高质量发展不仅意义重大而且十分紧迫。成都市是西部地区的超大城市、国家中心城市之一，呈现出大城市带大郊区的空间结构特征。其城乡二元结构一度非常突出，成为启动城市消费、制约城镇化发展的明显障碍。为此，成都市在21世纪初开启了致力于打破城乡二元结构的统筹城乡改革探索，并且因为前期进行了卓有成效的探索实践，于2007年6月7日获批国家统筹城乡综合配套改革试验区，继续在改革的深水区挺进和"破冰"。党的十九大以来，我国深入实施乡村振兴战略，成都西部片区于2019年12月成为11个国家城乡融合发展试验区之一。2020年1月3日，习近平总书记在中央财经委员会第六次会议上提出"推动成渝地区双城经济圈建设"，随后2021年11月《成渝地区双城经济圈发展规划》发布，城乡融合发展也是《成渝地区双城经济圈发展规划》部署的9大探索任务之一。这为成都市开启城乡融合发展的新型城镇化道路带来了新的机遇。成都市在推进新型城镇化的过程中探索城乡融合发展体制和政策的经验值得总结提炼，这为指导西部乃至全国其他区域推进新型城镇化、促进新发展格局加快形成具有积极的启示与借鉴意义。

本书立足新时代加快构建"双循环"新发展格局、促进高质量发展的背景要求，阐明我国推进新型城镇化发展的重要意义，细致梳理当前新型城镇化发展现状及其背后的体制和政策问题，指出城乡二元结构体制和政策仍是制约新型城镇化发展的最大障碍，经济与社会发展越落后的地区受这一障碍制约就越明显、越严重；审视西部地区推进新型城镇化对加快构建"双循环"新发展格局的特殊性重要性，并从东、西部地区比较的视角分析西部地区新型城镇化过程中形成的体制和政策问题的不同；全面系统地总结成都市探索城乡融合发展的做法与经验；从制度经济学角度梳理西部地区新型城镇化过程中体制和政策的演变及其特征、趋势，同时提出西部地区新型城镇化实现城乡融合发展的主要路径——在集聚中走向平衡，从制度与秩序关系角度提出持续的权利开放是城乡要素自由有序流动的关键支撑；接下来分析了西部地区新型城镇化的空间形态优化问题，最后提出西部地区新型城镇化过程中体制和政策创新的有关建议。本书对提升西部地区新型城镇化质量、发挥西部地区拉动国内需求的作用，推进全国加快构建"双循环"新发展格局具有重要意义。

第二节　文献综述

一、有关概念界定

（一）城镇化及新型城镇化

与国外"城市化"内涵相对应，我国使用了"城镇化"这一特定概念，即我们规模庞大的农业人口全部"化"到城市并不现实，而小城镇作为连接城镇、辐射农村地区的空间节点，对吸纳农业转移人口发挥着重要作用。城镇化的内涵十分丰富，不同学科各有侧重地进行了解读。在综合各学科研究的基础上，不少学者将"城镇化"理解为一个过程，即以农业为主的传统乡村型社会向以工业和服务业等非农产业为主的现代城市型社会逐渐转变的历史过程。其实，城镇和乡村互促互进、共生共存，共同构成人类活动的主要空间，都同时具有生产、生活、生态、文化等多重功能。人口特征是城镇和乡村两大空间相互区别的主导性因素，城镇是人口规模或密度超过一定门槛的地区①，而乡村人口分布则较为分散。城镇的人口特征又与其他特征相互关联，城镇里非农产业的发展要求人口集聚，人口集聚又为服务业的发展创造了条件。因此，本书认为，城镇化的实质

---

① R. J. 约翰斯顿. 人文地理学词典［M］. 柴彦威，等译. 北京：商务印书馆，2004：756-759.

是人口在空间上的集聚。以工业革命以来的城镇化发展历程来讲，城镇化的定义正如《国家新型城镇化规划（2014—2020年）》指出的那样，即"非农产业在城镇集聚、农村人口向城镇集中的自然历史过程"①。我国新型城镇化是相对于传统城镇化而言的，学者们对新型城镇化的内涵也解读颇多，其中不乏一些深刻的观点与见解。从本质上讲，新型城镇化是城镇化质量的提升，目标是走以人为本、"四化同步"②、优化布局、生态文明、文化传承的中国特色新型城镇化道路③。

（二）体制、制度和政策

体制、制度、政策这三个概念常常同时出现，学界对它们的内涵的区分仍较为模糊。根据《辞海》，体制是指国家机关、企业和事业单位机构设置和管理权限划分的制度④；制度是指在一定的历史条件下形成的政治、经济、文化等各种工作规程或行动准则方面的体系⑤，政策则是指国家、政党为实现一定历史时期的路线和任务而规定的行动准则⑥。据此，将"政策"与"体制""制度"区分开相对容易，即政策表现为具体制度下的规定、安排和行动等，但"体制"和"制度"两个概念还是不易区分。匈牙利著名经济学家、曾影响中国经济学家和经济体制改革的雅诺什·科尔奈（János Kornai）教授在其著作《社会主义体制：共产主义政治经济学》⑦中的分析可以给我们更好的洞见。

雅诺什·科尔奈认为，首先，体制和制度范畴不同。体制是大的制度范畴，制度是具体的小规范。更通俗地讲，体制是大制度，制度是小制度。他将体制比喻为一件衣裳，制度则是这件衣裳的各块布，即体制是由各项具体的制度组成的。这件衣服好不好，取决于各块布之间的联系和互动，而后者正是体制运行的过程。其次，体制和制度研究的内容不同。体制讨论的是整个社会运行的架构，包括政治、意识形态、经济系统、社会

①《国家新型城镇化规划（2014—2020年）》。

② "四化同步"是指坚持走中国特色新型工业化、信息化、城镇化、农业现代化道路，推动信息化和工业化深度融合、工业化和城镇化良性互动、城镇化和农业现代化相互协调。

③《国家新型城镇化规划（2014—2020年）》。

④《辞海》编辑委员会. 辞海 [M]. 上海：上海辞书出版社，1979：521.

⑤《辞海》编辑委员会. 辞海 [M]. 上海：上海辞书出版社，1979：423.

⑥《辞海》编辑委员会. 辞海 [M]. 上海：上海辞书出版社，1979：353.

⑦ 雅诺什·科尔奈. 社会主义体制：共产主义政治经济学 [M]. 张安，译. 北京：中央编译出版社，2007：11-15（中文版序言）.

系统、生态系统以及不同主体的行为特征等，以及这些方面之间的关系。整个制度经济学的研究脉络基本上都是讨论具体的某一项制度安排和规则，即基本是在体制既定的情况下讨论制度对经济绩效的影响，对行为资源配置的影响。最后，体制和制度分析范式不同。体制范式不假设个人的偏好是事先决定的，它所关注的重点是社会条件和个人的偏好是如何形成的，是什么塑造了处于特定位置的个人（或集体）的行为模式及相关动机。这样，体制范式研究就与新古典经济学的个人选择研究产生了很大分野。

（三）城乡发展一体化、统筹城乡发展与城乡融合发展

为了破解城乡二元结构难题，我们在进入 21 世纪后先后提出了"统筹城乡发展""城乡发展一体化"和"城乡融合发展"等政策主张。统筹城乡发展主要突出以工促农、以城带乡，强调的是发挥工业和城市的带动作用，而对农业、乡村能动作用的强调比较少。城乡发展一体化主要强调"一体化"，具体表现在城乡居民基本权益平等化，城乡公共服务均等化，城乡居民收入均衡化，城乡要素配置合理化和城乡产业发展协调化。城乡融合发展侧重于发挥乡村、农业的能动性作用，它们不再被动地接受城市、工业等外部力量支配，而是发挥自身长处，激发出自身发展的内生动力，并成为与城市同等重要的空间存在。

二、国内外相关研究述评

（一）文献收集方法

笔者于 2022 年 10 月 9 日在中国知网（CNKI）进行了文献搜索，检索年限为 2014—2022 年①，文献分类目录选择"经济与管理学科"，来源类别选择"核心期刊"和"CSSCI"，主要关注篇名和关键词②，总共得到 140 篇相关文献，检索情况如表 1-1 所示。经过仔细浏览，笔者发现现有文献具有以下特点：一是主要关注城镇化政策方面，而对城镇化体制方面研究较少，它们分别约占到所有文献数量的 65.7% 和 10.7%。二是专门涉及西部地区新型城镇化体制和政策方面的研究成果数量非常有限。三是不乏具有研究深度的文献成果，但多数成果论述相对笼统，因此此次检索得到的文献的总体质量并不高。

---

① 党的十八届三中全会（2013 年 11 月 9 日至 12 日）首次明确提出"完善城镇化健康发展体制机制"，因此本书检索我国实施新型城镇化战略后 2014 年以来的相关文献。

② 本书也通过"城镇化"主题检索了文献，但呈现的文献数量过于庞大。

表 1-1　相关文献检索情况

检索项目	具体情况	数量/篇
篇名	"城镇化"并含"体制"	15
	"城镇化"并含"政策"	89
	"城镇化"并含"体制",并且篇名为"政策"	0
	"城镇化"并含"体制",并且篇名为"西部"	0
	"城镇化"并含"政策",并且篇名为"西部"	0
	"城镇化"并含"体制",并且篇名为"西部"并含"政策"	0
	"城镇化"并含"统筹城乡"	3
	"城镇化"并含"城乡统筹"	13
	"城镇化"并含"城乡一体化"	7
	"城镇化"并含"城乡发展一体化"	4
	"城镇化"并含"城乡发展融合"	6
关键词	"城镇化"并含"体制"	0
	"城镇化"并含"政策"	3
合计		140

其实,我国学术界对城镇化进程中克服城乡二元结构体制和政策问题的研究由来已久,有些甚至达到了很高水平。为了得到研究水平相对较高的文献,笔者从主题出发,选取了 2014—2020 年人大报刊复印资料《区域与城市经济》《体制改革》《农业经济问题》上的 331 篇文章作为分析对象。之所以选择人大报刊复印资料的这 3 本杂志,是因为笔者有以下考虑:一是城镇化是农业人口"化"到城镇的过程,必然对城镇空间格局、经济与社会发展产生影响,城镇经济发展、空间结构等方面自然成为重点关注的方面。二是虽然进入 21 世纪以来我国为克服城乡二元结构体制和政策做出了极大努力,但毋庸置疑,它仍在很大程度上制约着城镇化的发展,而城乡二元结构体制和政策与农业农村改革联系紧密。三是除城乡二元结构体制和政策外,城镇化发展还涉及其他方面的体制和政策制约,而《体制改革》等杂志对这些方面都有所涉及。

文献内容分类及其篇数如下:①双循环新发展格局与新型城镇化发展(8 篇)。②推进新型城镇化的体制和政策问题研究(251 篇)。具体又分为农业转移人口市民化（9篇）、户籍制度（28篇）、公共服务（9篇）、土地制度（189篇）、行政区划调整（10篇）和资金问题（6篇）等，而借鉴刘守英（2017）①的观点，城乡土地制度研究又可以分为农村承包地（105篇）、农村宅基地（23篇）、土地转用（23篇）、城市土地使用（17篇）、综合性研究（21篇）等方面。③西部地区新型城镇化发展评估及体制和政策问题剖析（5篇）。④成都城乡融合发展中的新型城镇化道路探索（3篇）。⑤西部地区新型城镇化空间形态研究（49篇）。⑥西部地区推进新型城镇化体过程中制和政策创新的政策建议（15篇）。

（二）文献梳理

1. 新发展格局下我国推进新型城镇化的体制和政策问题研究

学者们多从城乡关系演变的角度分析了新型城镇化发展趋势，更加明确地指出新型城镇化的目标是调整城乡关系，也意识到城镇化是加快构建新发展格局的作用的重要途径，而体制和政策是制约新型城镇化发挥对加快构建新发展格局的作用的重要因素。在新型城镇化发展的发展趋势上，林刚（2014）指出正确处理城乡—工农关系是当前中国城镇化的核心问题，农村现代化是中国实现整体现代化的基础②。刘守英等（2018）认为城乡中国的重要特征之一便是城乡互动和融合，塑造了新型城乡关系③。方创琳（2018）总结了改革开放40多年来城镇化发展和城市群建设成就，认为未来新型城镇化发展的方向之一，便是继续实施乡村振兴战略，推进新型城镇化与乡村振兴向同步化、融合化、共荣化方向发展，同步提升城市与乡村发展质量，让城市与乡村共同成为人人向往的美好家园④。苏红键（2021）指出新型城镇化与乡村振兴、城乡融合发展相互耦合，其目标都是构建新型工农—城乡关系⑤。在构建新发展格局与推进新型城镇化问题上，叶兴庆（2020）认为城乡差距依然明显、城乡体制分割依然突出是国民经济循环不畅的重要体现，畅通国民经济循环必须打通城乡彼此开放

① 刘守英. 中国土地制度改革：上半程及下半程 [J]. 国际经济评论，2017（5）：29-56.

② 林刚. 中国工农—城乡关系的历史变化与当代问题 [J]. 中国农村观察，2014（5）：2-12.

③ 刘守英，王一鸽. 从乡土中国到城乡中国：中国转型的乡村变迁视角 [J]. 管理世界，2018（10）：128-146.

④ 方创琳. 改革开放40年来中国城镇化与城市群取得的重要进展与展望 [J]. 经济地理，2018（9）：1-9.

⑤ 苏红键. 构建新型工农城乡关系的基础与方略 [J]. 中国特色社会主义研究，2021（2）：46-55.

不够所形成的堵点①。涂圣伟（2021）认为城乡经济循环畅通在国民经济循环中发挥着基础性作用，我国城乡经济循环存在梗阻和断点，突出表现为要素双向流动存在制度性障碍、市场基础制度不健全、县域经济链接功能不强、城乡供给体系缺乏适应性②。

2. 推进新型城镇化过程中的体制和政策问题研究

在新型城镇化发展的突出问题上，李玉红（2017）指出改革开放以来的"半城市化"现象说明我国城镇化质量不高，意即农民工的城镇化质量不高，我国经济增长质量不高、社会利益分配失衡是其主要成因③。魏后凯、李玏和年猛（2020）认为目前中国城镇化面临的核心问题不是水平高低、速度快慢的问题，而是质量不高的问题④。而在城镇化质量不高的体制和政策归因上，有学者从整体上进行了剖析，如肖金成、刘保奎（2018）指出改革开放40年来，户籍和土地这两项制度改革构成了中国城镇化发展"一明一暗"两条主线，其中户籍制度改革是"明线"，是一个不断"破"的过程；而土地制度改革这"暗线"则是一个持续"立"的过程⑤。

在农民市民化研究方面，冯俏彬（2014）⑥、丁萌萌和徐滇庆（2014）⑦都测算了农民工市民化的成本，前者认为尽管资金量很大，但只要精心设计，从"钱""地"和转移支付等方面进行机制设计，这一资金筹措是可以圆满完成的；后者认为市民化公共成本的增加，不会产生财政负担。有学者研究了农业转移人口市民化的内涵和性质，如刘小年（2017）发现，农民工市民化依次呈现为经济、社会、政治、生活四个阶段的市民化，当前正由经济市民化向社会市民化发展⑧。王小章和冯婷（2018）认为"市

① 叶兴庆. 在畅通国内大循环中推进城乡双向开放 [J]. 中国农村经济, 2020 (11)：2-12.

② 涂圣伟. "十四五"时期畅通城乡经济循环的动力机制与实现路径 [J]. 改革, 2021 (10)：22-30.

③ 李玉红. 城市化的逻辑起点及中国存在半城镇化的原因 [J]. 城市问题, 2017 (2)：14-19.

④ 魏后凯, 李玏, 年猛. "十四五"时期中国城镇化战略与政策 [J]. 中共中央党校（国家行政学院）学报, 2020 (4)：5-21.

⑤ 肖金成, 刘保奎. 改革开放40年中国城镇化回顾与展望 [J]. 宏观经济研究, 2018 (12)：18-29, 132.

⑥ 冯俏彬. 农民工市民化的成本估算、分摊与筹措 [J]. 经济研究参考, 2014 (8)：20-30.

⑦ 丁萌萌, 徐滇庆. 城镇化进程中农民工市民化的成本测算 [J]. 经济学动态, 2014 (2)：36-43.

⑧ 刘小年. 农民工市民化的历时性与政策创新 [J]. 经济学家, 2017 (2)：91-96.

民化"的提出意味着"农民工终结"，这并不意味着对人口涌入城市失去调节和控制，而只意味着控制和调节的方式由依赖"身份壁垒"转变为借助"市场性门槛"[1]。也有学者进行了计量分析、案例佐证等实证分析方法，揭示了农业转移人口市民化中的一些重要问题，提出了相关见解。如卫龙宝、储德平和伍骏骞（2014）利用 643 份浙江省农村未迁移居民的入户调查数据，采用成本收益分析方法，实证分析在二元经济的社会特征逐渐消失的经济较发达地区，农村未迁移居民的迁移意愿[2]。王建国和李实（2015）基于 2011 年和 2012 年流动人口监测调查数据，主要考察了城市规模对农民工工资水平的影响，发现大城市的农民工工资水平比小城市农民工高；综合考虑城市间的工资、生活成本和便利性差异等，农民工从大城市获得的真实实际工资或效用水平更高[3]。王瑜和汪三贵（2017）通过测算深圳制造业工业园区工人的生活工资，指出要实现农业转移人口在城镇可持续的基本生活，未必要依赖不断提升最低工资这个单一手段，而是可以通过改善农民工群体在住房、教育、医疗等方面的公共服务，提高工人家庭在务工地实现可持续生计的能力[4]。董世洪（2020）运用浙江与陕西的案例，指出推动农村居民市民化，必须构建起以农村居民为主体的政府赋权、市场赋利与社会赋能协同联动机制，进一步增强农村居民的主体意识，从而逐步让农村居民享有与城镇居民同等品质的现代生活[5]。

在户籍制度改革方面，张国胜、邹一南、李晓飞是这方面研究的活跃学者。绝大多数学者都紧跟户籍制度改革动态，通过制度变迁等多个维度评估现阶段户籍制度的特征、功能以及不足等，从而提出未来户籍制度改革的政策取向与着力点。总体来看，很多学者对我国户籍制度的特征都分析到位而深刻，普遍意识到不能就户籍制度谈户籍制度改革，应该从注重利益协调与重组、坚持公平与正义、解决区域发展不平衡等背后深层次问

① 王小章，冯婷. 从身份壁垒到市场性门槛：农民工政策 40 年 [J]. 浙江社会科学，2018（1）：4-9.

② 卫龙宝，储德平，伍骏骞. 农村城镇化进程中经济较发达地区农民迁移意愿分析 [J]. 农业技术经济，2014（1）：91-98.

③ 王建国，李实. 大城市的农民工工资水平高吗？[J]. 管理世界，2015（1）：51-62.

④ 王瑜，汪三贵. 农民工离城镇化还有多大工资差距?：深圳制造业工业园区工人的生活工资测算 [J]. 中国人民大学学报，2017（4）：107-118.

⑤ 董世洪. 城乡融合发展中的农村居民市民化协同联动机制 [J]. 浙江工商大学学报，2020（6）：121-130.

题入手。具体观点可分为以下几种：一是利益协调论，即传统户籍制度代表着经济利益的非公平、非公正，未来需要以公平、正义的逻辑来重组户口背后的利益格局与权利配置，如张国胜和陈瑛（2014）①、张国胜和陈明明（2016）②、赵军洁和范毅（2019）③ 等。二是解决区域发展不平衡论，即户籍制度改革要着力于缩小不同规模城市经济与社会发展水平的失衡，如邹一南（2014）④、张晓敏、张秉云和张正河（2016）⑤、邹一南（2018）⑥。三是社会治理论，即户籍制度改革要强化其社会治理功能，赋予常住人口更多的社会福利，如熊万胜（2015）⑦、李晓飞（2019）⑧ 等。四是以人为本论，即户籍改革确立的多重目标应以人为本，使更多的流动人口受惠，如彭希哲、万芊和黄苏萍（2014）⑨、张义博和刘敏（2018）⑩。五是综合论，即户籍制度改革需要平衡和把握工具性目标与价值性目标，同步推进利益扩散和利益剥离，如陈波（2017）⑪、涂一荣和鲍梦若（2016）⑫、岳晓琴和艾勇军（2015）⑬。

在基本公共服务方面，学者们不仅关注了基本公共服务与城镇化的关

① 张国胜，陈瑛. 我国户籍制度改革的演化逻辑与战略取向：以农民工为例的新政治经济学分析 [J]. 经济学家，2014（5）：78-86.
② 张国胜，陈明明. 我国新一轮户籍制度改革的价值取向、政策评估与顶层设计 [J]. 经济学家，2016（7）：58-65.
③ 赵军洁，范毅. 改革开放以来户籍制度改革的历史考察和现实观照 [J]. 经济学家，2019（3）：71-80.
④ 邹一南. 城镇化的双重失衡与户籍制度改革 [J]. 经济理论与经济管理，2014（2）：39-49.
⑤ 张晓敏，张秉云，张正河. 人口要素流动门槛变迁视角下的户籍制度改革 [J]. 哈尔滨工业大学学报（社会科学版），2016（6）：68-73.
⑥ 邹一南. 户籍改革的路径误区与政策选择 [J]. 经济学家，2018（9）：88-97.
⑦ 熊万胜. 新户籍制度改革与我国户籍制度的功能转型 [J]. 社会科学，2015（2）：78-88.
⑧ 李晓飞. 户籍分割、资源错配与地方包容型政府的置换式治理 [J]. 公共管理学报，2019（1）：16-28，169-170.
⑨ 彭希哲，万芊，黄苏萍. 积分权益制：兼顾户籍改革多重目标的普惠型制度选择 [J]. 人口与经济，2014（1）：28-36.
⑩ 张义博，刘敏. 户籍制度改革的边际落户效应 [J]. 宏观经济管理，2018（9）：28-36.
⑪ 陈波，张小劲. 城市户籍制度改革的困境与突围：来自深圳的经验启示 [J]. 深圳大学学报（人文社会科学版），2017（3）：38-45.
⑫ 涂一荣，鲍梦若. 超越工具理性：我国户籍制度改革的实践反思 [J]. 华中师范大学学报（人文社会科学版），2016（4）：11-18.
⑬ 岳晓琴，艾勇军. 现行户籍制度改革难以承受之重：由"人—地"双重失控引发的思考 [J]. 规划师，2015（4）：144-149.

系，还根据基本公共服务的门类进行了具体研究。罗丽英和卢欢（2014）利用我国2003—2012年的相关面板数据对通过主成分分析得到的公共产品供给水平与城镇化之间的关系进行平稳性检验和回归，发现公共产品投入对城镇化进程有显著影响，并且这一影响存在时滞性①。孙中伟、王漟和梁立宾（2014）立足于2010年珠三角和长三角农民工问卷调查的数据，以"福利三角"理论为分析框架，从家庭、工作和政府政策三个方面探讨农民工养老保险的购买意愿，并指出未来须建立国家社会保障体系，享受国家提供的社会保障应建立在公民权基础之上而不仅是劳动权②。范逢春（2020）运用倡导联盟框架进行分析后指出，新中国成立以来我国城乡基本医疗卫生服务均等化的制度变迁过程，政策统筹欠缺、价值判断偏差、过程参与缺乏等影响到城乡基本医疗卫生服务均等化的发展进程，未来需要始终坚持党对医疗卫生事业的集中统一领导，不断强化公平正义的医疗卫生服务政策核心信念，持续开放政策网络以提升政策制定的民主参与程度③。此外，向运华和曾飘（2020）④、孙淑云（2015）⑤、彭浩然和岳经纶（2020）⑥也对城乡基本医疗制度整合进行了研究。

在新型城镇化解决融资难题方面，学者们不仅设计了多元主体参与的融资机制，而且对政府投资、民间投资等不同融资方式作用的发挥进行了研究，同时对相关联动改革也有所考虑。如张秀利和祝志勇（2014）⑦、辜胜阻、刘江日和曹誉波（2014）⑧都研究了城镇化进程中民间资本参与的重要性，认为应打破政府主导的投融资模式，降低民间投资准入门槛，拓

---

① 罗丽英，卢欢. 公共产品投入对城镇化进程的影响 [J]. 城市问题，2014（8）：14-20.

② 孙中伟，王漟，梁立宾. 从"劳动权"到"市民权"："福利三角"视角下农民工养老保险参与意愿 [J]. 华南师范大学学报（社会科学版），2014（3）：108-117.

③ 范逢春. 城乡基本医疗卫生服务均等化的制度变迁与治理反思：基于倡导联盟框架的分析 [J]. 中共宁波市委党校学报，2020（2）：5-14.

④ 向运华，曾飘. 城乡居民医保制度整合后的成效、问题及对策 [J]. 决策与信息，2020（4）：53-60.

⑤ 孙淑云. 顶层设计城乡医保制度：自上而下有效实施整合 [J]. 中国农村观察，2015（3）：16-23.

⑥ 彭浩然，岳经纶. 中国基本医疗保险制度整合：理论争论、实践进展与未来前景 [J]. 学术月刊，2020（11）：55-65.

⑦ 张秀利，祝志勇. 城镇化对政府投资与民间投资的差异性影响 [J]. 中国人口·资源与环境，2014（2）：54-59.

⑧ 辜胜阻，刘江日，曹誉波. 民间资本推进城镇化建设的问题与对策 [J]. 当代财经，2014（2）：5-11.

宽民间投资渠道。黄瑞玲和谈镇（2014）提出了靠改革、建机制的新型城镇化融资难题解决之道[①]。曾小春和钟世和（2017）深入分析了新型城镇化进程中资金供求矛盾以及其深层次原因，提出构建财政、金融、社会资本"三位一体"的投融资机制及对策[②]。龙启蒙、傅鸿源和廖艳（2016）引入西方马克思主义空间经济学理论，尤其是哈维资本三循环理论分析体系，运用资本逻辑分析城乡关系，从发展生产力的角度入手，将引导资本进入农村与构建城乡关系、改革土地制度结合起来，寻找打破资本困局的突破口及实施路径[③]。

在行政区划调整方面，有的学者探讨了其推动城镇化发展的内在机理，有的分析了其绩效和作用等，并据此提出相应的对策及建议。殷冠文和刘云刚（2020）以主体行为视角来考察地方政府的作用，提出了区划调整推动城市化发展的逻辑框架，即通过区划调整，地方政府实现了从城市型政区向地域型政区的转变，利用权力的集中化以及城市增长极的扩散效应，推动城乡融合和一体化发展[④]。陈科霖（2019）对改革开放以来40多年的撤县设区工作进行了回顾与反思，指出撤县设区与城市化应相互良性促进，并兼顾极化效应与扩散效应的平衡；撤县设区与区域一体化提高了中心城市的首位度，有利于区域的整体长远发展；撤县设区是城市化发展的重要工具，但需防止其被工具化使用，要遏制大城市"摊大饼"冲动，形成集约式的城市化发展模式[⑤]。左言庆、陈秀山（2014）将城市市辖区行政区划调整划分为首次设区、撤县设区和区界重组三种，并研究了每一种区划行为的时空格局分布[⑥]。尹来盛（2016）以京津冀、长三角、珠三角3大城市群12个撤县（市）设区的案例为样本，实证检验以撤县（市）设区为代表的辖区合并是否有利于提升经济绩效，发现撤县（市）设区显著改善了区域经济绩效，为我国优化行政区划设置方向提供了重要决策参

---

① 黄瑞玲，谈镇. 构建三位一体的新型城镇化融资机制 [J]. 中共中央党校学报，2014（3）：81-85.

② 曾小春，钟世和. 我国新型城镇化建设资金供需矛盾及解决对策 [J]. 管理学刊，2017（2）：26-39.

③ 龙启蒙，傅鸿源，廖艳. 城乡一体化的资本困境与突破路径：基于西方马克思主义资本三循环理论的思考 [J]. 中国农村经济，2016（9）：2-15.

④ 殷冠文，刘云刚. 区划调整的城市化逻辑与效应 [J]. 经济地理，2020（4）：48-55.

⑤ 陈科霖. 中国撤县设区40年：回顾与思考 [J]. 地方治理研究，2019（1）：2-19，78.

⑥ 左言庆，陈秀山. 城市市辖区行政区划调整的时空格局研究 [J]. 学习与实践，2014（9）：13-24.

考①。陈妤凡、王开泳（2019）以杭州市为例，定量测度撤县（市）设区前后杭州公共服务水平时空变化特征以及公共服务设施的空间分布格局，并探讨这一区划调整影响城市公共服务供给和配置变化的作用机理②。张紧跟（2020）着眼于经济新常态下"市管镇"体制面临的困境，从尺度重组视阈来审视，认为从分散化镇街发展向联动发展的市域整合转型是一种可行的选择，为此既要推进市域内空间结构重组，又要深化市域内治理机制重构③。

3. 西部地区推进新型城镇化过程中的体制和政策问题评估

目前专门系统研究西部地区推进新型城镇化过程中的体制和政策问题的成果较少，一般在对户籍、区划调整等具体制度改革方面做区域比较的时候会涉及。周庆智（2015）在研究汉中市户籍制度改革的基础上，认为城镇化建设并未与重建城乡基层治理体系协调推动是户籍制度改革难以推进的原因④。欧阳慧和邓兰燕（2020）对重庆市农民工落户情况进行调研，指出突出重点、分级引导、保障利益、政策激励应是各地借鉴重庆经验推进农民工落户城镇的重要策略⑤。张国胜和陈瑛（2014）指出，一方面，中、西部地区户籍制度改革阻力较小且成本较低；另一方面，改革的压力突出且收益明显，因此中、西部地区户籍制度改革要明显领先于东部地区⑥。孟延春和谷浩（2017）研究了 2000—2010 年县（市）行政区划调整对全国及对东北、东部、中部和西部四大板块区域城镇化产生的影响，发现东部地区 3 个直辖市与省会城市的撤县（市）设区调整对城市化增长率产生了重要影响，中部地区城镇化受行政区划调整的影响不大，西部地区快速增长的城镇化率受以上两类行政区划调整的影响很大⑦。

① 尹来盛. 辖区合并与经济绩效：基于京津冀、长三角、珠三角的经验研究［J］. 经济体制改革，2016（1）：50-56.

② 陈妤凡，王开泳. 撤县（市）设区对城市公共服务配置和空间布局的影响与作用机理［J］. 经济地理，2019（5）：76-86.

③ 张紧跟. 从放权强镇到市域整合：尺度重组视阈中的珠三角"市管"体制再造［J］. 广东社会科学，2020（4）：191-200，256.

④ 周庆智. 城镇化建设中的户籍制度及其改革：对汉中市户籍制度改革的制度分析［J］. 江汉论坛，2015（11）：60-66.

⑤ 欧阳慧，邓兰燕. 特大城市推进农民工落户的经验与启示：基于重庆市的调研［J］. 宏观经济管理，2020（1）：75-84.

⑥ 张国胜，陈瑛. 我国户籍制度改革的演化逻辑与战略取向：以农民工为例的新政治经济学分析［J］. 经济学家，2014（5）：78-86.

⑦ 孟延春，谷浩. 中国四大板块区域城镇化路径分析：以县（市）行政区划调整为例［J］. 城市发展研究，2017（10）：54-60.

4. 成都市城乡融合发展中的新型城镇化道路探索

现有专门研究成都市在推进新型城镇化过程中的体制和政策创新的文献极少，仅有的 3 篇都集中在户籍制度改革上，而且是将成都市作为典型案例。文华（2015）从改革措施、改革绩效两个方面比较成都、重庆、郑州和中山 4 市的户籍改革。从改革措施上看，成都市户籍改革对象主要针对辖区内城乡人员，政策强制性较弱，政策稳定性较强，对农民的宅基地、林地、承包地采取"确权上市"方式；从改革绩效上看，成都市户籍制度改革具有强烈的"土地财政"色彩，与其他 3 市一样自利性倾向非常明显，只是在形式上更为温和①。魏后凯和盛广耀（2015）从全国层面和地方层面（包括郑州市、成都市、重庆市、广东省、上海市）梳理户籍制度改革特点，分析考察当前户籍制度改革中存在的主要障碍并提出加快户籍制度改革的政策建议②。孙文凯（2017）总结了当前我国成都等大城市户籍制度的改革进程，并对它们的户籍开放度进行了评估，分析了差异化的户籍制度理论和现实成因，发现在财政支出较高、收入较高的城市较难实现户籍开放，不同地区的官员特征差异也能解释为何各地执行不同的户籍开放政策③。

5. 西部地区新型城镇化空间形态研究

学者们在坚持新型城镇化以城市群为空间主体形态的前提下，为促进大、中、小城市协调发展，从各个层面提出了许多很有洞察的见解，其中也涉及对西部地区新型城镇化空间形态的思考。在全国层面上，魏后凯（2014）针对城镇化进程中特大城市规模迅速膨胀、中小城市和小城镇相对萎缩的两极化倾向，建议实行差别化的人口规模调控政策，严格控制万人以上的特大城市人口规模，着力提高中小城市和小城镇综合承载能力④。余壮雄和李莹莹（2014）⑤、李圣军（2015）⑥ 都指出我国城镇化发展的重

---

① 文华. 我国地方政府户籍制度改革的案例比较分析 [J]. 北京工业大学学报（社会科学版），2015（3）：44-50，55.

② 魏后凯，盛广耀. 我国户籍制度改革的进展、障碍与推进思路 [J]. 经济研究参考，2015（3）：6-17，41.

③ 孙文凯. 中国的户籍制度现状、改革阻力与对策 [J]. 劳动经济研究，2017（3）：50-63.

④ 魏后凯. 中国城镇化进程中两极化倾向与规模格局重构 [J]. 中国工业经济，2014（3）：18-30.

⑤ 余壮雄，李莹莹. 资源配置的"跷跷板"：中国的城镇化进程 [J]. 中国工业经济，2014（11）：18-29.

⑥ 李圣军. 中国城镇体系演变历程与新型发展模式 [J]. 石家庄经济学院学报，2015（6）：38-44.

点应该是"中型城市"（或"中等城市"）。中国宏观经济研究院国土开发与地区经济研究所课题组（2020）指出"十四五"及以后时期我国新型城镇化空间布局将呈现"四化互动"趋势，建议在土地制度、人口流动、投融资体制、都市圈统计考核等方面建立和完善配套制度体系[1]。同时，一些学者最初比较关注城市群整体发展问题研究[2][3]，后来聚焦城市群尤其是跨区域城市群一体化发展问题研究[4][5][6]，而且随着国家提出要培育现代化都市圈以来，学者们对都市圈发展的意义和作用[7]、都市圈内中小城市发展[8][9]、都市圈同城化[10]等问题进行了探讨。特色小镇、特色小城镇对促进县域城乡融合发展具有重要作用，学者们持续不断地在理论和实践上进行深入研究，如付晓东和蒋雅伟（2017）建立了"特色"形成的理论体系，从根植性的角度探讨特色小镇的发展模式，并以我国第一批特色小镇为样本，总结出各区域特色小镇发展模式的特征[11]。郁建兴、张蔚文和高翔等（2017）通过 6 个案例总结了浙江省特色小镇建设的基本经验与启示[12]。

在西部地区新型城镇化空间形态的研究上，皮亚彬、薄文广和何力武

① 中国宏观经济研究院国土开发与地区经济研究所课题组. 中国新型城镇化空间布局调整优化的战略思路研究 [J]. 宏观经济研究, 2020 (5)：5-17, 40.

② 汪阳红, 贾若祥. 我国城市群发展思路研究：基于三大关系视角 [J]. 经济学动态, 2014 (2)：74-83.

③ 王成新, 崔学刚, 王雪芹. 新型城镇化背景下中国"城市群病"现象探析 [J]. 城市发展研究, 2014 (10)：12-17.

④ 陈耀, 汪彬. 大城市群协同发展障碍及实现机制研究 [J]. 区域经济评论, 2016 (2)：37-43.

⑤ 陈建军, 陈菁菁, 陈怀锦. 我国大都市群产业：城市协同治理研究 [J]. 浙江大学学报（人文社会科学版）, 2018 (5)：166-176.

⑥ 汪波. 中国城市群治理：功能变迁、结构透析与湖泊效应 [J]. 城市观察, 2016 (5)：32-40.

⑦ 郭先登. 论新型城市圈群 [J]. 经济与管理评论, 2020 (4)：133-146.

⑧ 邬晓霞, 黄艳, 高见. 都市圈内中小城市功能提升对策研究 [J]. 城市, 2020 (2)：18-26.

⑨ 安树伟, 张晋晋. 都市圈内中小城市功能提升机理研究 [J]. 区域经济评论, 2020 (1)：117-124.

⑩ 马学广, 窦鹏. 中国城市群同城化发展进程及其比较研究 [J]. 区域经济评论, 2018 (5)：105-115.

⑪ 付晓东, 蒋雅伟. 基于根植性视角的我国特色小镇发展模式探讨 [J]. 中国软科学, 2017 (8)：102-111.

⑫ 郁建兴, 张蔚文, 高翔, 等. 浙江省特色小镇建设的基本经验与未来 [J]. 浙江社会科学, 2017 (6)：143-150, 154, 160.

（2014）使用我国 2000—2011 年地级城市数据，研究了城市区位和城市规模对城市人口增长的影响，认为中、西部地区应积极发展以成都、重庆、武汉、郑州、西安等大城市为中心的区域性城市群，而在那些城市布局稀疏、小城市发展潜力有限的地区，应将推动劳动力向东部地区转移作为城市化政策的重点[1]。杨孟禹和戴祎楠（2020）以城市群内中心城市对外围城市的溢出效应为切入点，分析了城市群溢出效应的时空演变特征，并据此将城市群分为 3 个阶段，提出"十四五"时期 19 个城市群战略的可能深化方向，建议地处西部的成渝、关中城市群应打通群内溢出渠道，提升核心城市的传播能力，而呼包鄂榆、北部湾、黔中、滇中、兰西、宁夏沿黄和天山北坡应提升城市群核心城市集聚力，提升核心城市对外围城市的空间溢出能力[2]。肖金成和马燕坤（2020）认为西部大开发除了要重视城市群发展，更应重视区域性中心城市的高质量发展，让区域性中心城市集聚和承载更多的经济和人口[3]。

6. 西部地区推进新型城镇化过程中体制和政策创新的政策建议

学者们在研究户籍、土地、投融资等方面体制和政策问题的基础上，从整体层面提出了一些新型城镇化过程中体制和政策创新的建议。黄祖辉（2014）指出城乡一体化是新型城镇化的重要特征，也是终极目标所在，以新型城镇化引领城乡一体化发展需要推进城乡、区域、上下三大联动改革[4]。陈玉梅和吕萍（2014）认为新型城镇化建设制度创新的总体架构是"三线、双环、多元"，即以政府、企业与民众三大主体为主线，内环制度创新与外环制度创新相结合，推动制度创新多元化，核心内容是建立规范的多级土地流转市场体系、统一流动的户籍制度、城乡统筹的劳动就业制度、城乡一体化的社会保障体系[5]。李圣军和史冰清（2017）认为新型城镇化建设需要在财税制度、户籍制度、治理制度、土地制度、社保制度方

① 皮亚彬，薄文广，何力武. 城市区位、城市规模与中国城市化路径 [J]. 经济与管理研究，2014（3）：59-65.

② 杨孟禹，戴祎楠. 中国城市群战略变迁逻辑与"十四五"深化方向 [J]. 开发研究，2020（5）：92-101.

③ 肖金成，马燕坤. 西部地区区域性中心城市高质量发展研究 [J]. 兰州大学学报，2020（5）：20-27.

④ 黄祖辉. 以新型城镇化引领城乡一体化发展 [J]. 农业经济与管理，2014（5）：12-15.

⑤ 陈玉梅，吕萍. 新型城镇化建设的制度创新：综合动因与体系架构 [J]. 江海学刊，2014（6）：79-85，238.

面进行系统性的转型①。魏后凯、李劼和年猛（2020）认为"十四五"时期我国城镇化需要深化户籍制度改革，加快建立城乡统一的土地市场制度，鼓励和支持城市资本、人才、技术下乡②。冯奎和顾强（2020）指出"十四五"期间城镇化需要实现质量变革、效率变革、动力变革，主要推进农业转移人口市民化、构建城乡统一建设用地市场和城乡可持续的投融资制度、中心城市和城市群治理这四项改革③。

（三）现有文献成果评价

现有的丰富的研究成果为本书的研究提供了极其宝贵的启发和坚实的基础，同时也存在以下可供进一步挖掘的空间：①当前我国已经进入新时代，加快构建新发展格局已经成为促进经济高质量发展进而助推全面建成社会主义现代化强国的重要举措。但是立足这一时代背景，从全国层面研究推进新型城镇化的重要性的文献较少，专门思考地区推进新型城镇化特色的重要性的就更少了。②目前对西部地区新型城镇化发展现状及其体制和政策成因关注比较多，但对西部地区推进新型城镇化的体制和政策的特殊性揭示得比较少。③从全市获批全国统筹城乡综合配套改革试验区、西部片区被确立为国家城乡融合发展试验区以来，成都市破解城乡二元结构难题的实验探索已经运行了约16年，对其鲜活的经验确实需要进行全面系统深刻地总结，尤其是从当前我国全面建设社会主义现代化国家角度进行审视非常有必要，而现有成果在这方面的研究比较滞后。

第三节 研究思路、内容与方法

一、研究思路

在习近平新时代中国特色社会主义思想指导下，分析我国加快构建以国内大循环为主体、国内国际双循环相互促进的新发展格局，推进以人为

① 李圣军，史冰清. 新型城镇化建设的制度变迁［J］. 郑州航空工业管理学院学报，2017（6）：42-50.

② 魏后凯，李劼，年猛. "十四五"时期中国城镇化战略与政策［J］. 中共中央党校（国家行政学院）学报，2020（4）：5-21.

③ 冯奎，顾强. "十四五"时期城镇化改革的思考与建议［J］. 区域经济评论，2020（4）：31-37，2.

核心的新型城镇化的重要性，梳理新时代以来新型城镇化发展现状及城乡二元结构、城镇行政管理体制、领导干部政绩考核体制、城镇投融资体制等成因，指出城乡二元结构是推进新型城镇化过程中出现体制和政策问题的根本原因；探讨西部地区新型城镇化发展滞后，大、中、小城市及小城镇发展不协调，城乡差距和地区差距拉大的体制和政策障碍的特殊性表现及其根源；全面系统地总结成都在推进城镇化进程中破解城乡二元结构难题的做法、存在的问题、取得的经验和未来努力的方向等；梳理西部地区新型城镇化进程中的体制和政策变迁过程，分析西部地区新型城镇化过程中的体制和政策问题的特征及未来走向，并主要从城乡要素配置的角度确立西部地区推进新型城镇化过程中体制和政策创新的两条理论路径——在集聚中走向平衡和持续的权利开放；最后提出西部地区推进新型城镇化的空间形态优化，体制与政策创新因地制宜、分类指导的政策建议。

二、研究内容

本书一共 7 章内容，除第一章总论外，其余 6 章具体内容如下：

第二章为新发展格局下我国推进新型城镇化过程中的体制和政策问题分析。本章立足新时代加快构建"双循环"新发展格局、促进高质量发展的背景要求，阐明我国推进新型城镇化发展的重要意义，梳理我国新型城镇化发展现状与趋势，并从城乡二元结构、城镇行政管理体制、领导干部政绩考核体制、城镇投融资体制等方面分析新型城镇化过程中的体制和政策问题成因。

第三章为西部地区新型城镇化发展现状与体制和政策问题剖析。本章分析西部地区推进新型城镇化对加快构建"双循环"新发展格局的特殊性重要性，分析西部地区推进新型城镇化发展现状，从东、西部地区比较的视角分析西部地区推进新型城镇化过程中，户籍、土地、规划、公共服务等城乡二元结构体制和政策自身的特征，并分析西部地区在推动新型城镇化进程中城乡二元结构体制和政策难题产生的根源。

第四章为成都市推进新型城镇化过程中体制和政策探索创新研究。本章依次分析成都市在推进新型城镇化的过程中进行体制和政策探索创新的主要阶段、重要实践、主要评价与未来努力的方向、经验总结。

第五章为西部地区推进新型城镇化过程中的体制和政策问题的理论分析。本章主要运用制度变迁、制度与秩序结构的关系等理论，梳理西部地区新型城镇化进程中城乡二元结构体制和政策的变迁历程及特征，并研究西部地区城乡融合发展的新型城镇化制度特征及其未来趋势，以及西部地区新型城镇化实现城乡融合发展的理论机理及其实践意蕴。

第六章为西部地区新型城镇化空间形态优化研究。本章在当前国家国土空间规划框架内，分析西部地区新型城镇化空间形态现状及其影响因素，进而研究西部地区优化新型城镇化空间形态的重点任务，并提出西部地区优化新型城镇化空间形态的政策诉求。

第七章为西部地区推进新型城镇化过程中体制和政策创新的相关建议。本章从牢固树立新型城镇化"以人为本"理念、着力提升农业转移人口市民化质量、深入完善城乡融合发展的体制和政策、加大对西部地区新型城镇化改革创新的支持力度等方面提出一些细化政策建议。

三、研究方法

为使分析准确深刻、建议切实可行，本书具体使用了比较、案例分析等研究方法。

（1）比较分析法。西部地区新型城镇化的发展有着不同于东部地区的显著特征，相关体制和政策形成的原因、发展演变和特点也同样有差异，因此很有必要将西部地区新型城镇化过程中体制和政策问题的特殊性找准并相对准确地概括出来。为此，本书通过东、中、西部地区比较分析法研究西部地区推进新型城镇化过程中体制和政策问题的特殊性，分析更加深入，所得结论更加深刻。

（2）案例调查分析法。新型城镇化体制和政策问题研究的实践性很强，需要贴近现实，经过艰苦的调查研究掌握大量的实际情况。本书将笔者近年实地调研的相关实践案例及思考融入具体章节中，增加了分析的针对性和可信度。

第四节　主要观点、创新与不足

一、主要观点

（1）从全国层面来看，推进新型城镇化为构建新发展格局提供了强大引擎，表现在有利于真正释放城乡居民消费潜力、实现城乡要素畅通循环、启动投资需求。对西部地区来讲，推进新型城镇化具有推动就近城镇化发展、保障全国产业链稳定、培育都市圈和城市群等战略枢纽、拓展我国参与国际大循环的空间等特殊性重要性。

（2）推进新型城镇化过程中出现的体制和政策问题，最根本的原因在于城乡二元结构体制和政策，克服这一体制和政策难题需要很长时间，不可能短期内一蹴而就。西部地区在推动新型城镇化进程中城乡二元结构体制和政策难题产生的根源，一方面，城乡二元结构体制和政策的实施是由当时的历史条件决定的，这是客观原因；另一方面，地方政府追求规模化和政绩工程的冲动，进一步强化了大城市的集聚功能，抑制了其辐射带动作用，这是主观原因。越是欠发达地区（如西部地区），城乡二元结构体制和政策缺陷表现得越明显、越突出，对城镇化的阻碍作用越大。

（3）成都市经历了统筹城乡发展中的新型城镇化体制和政策探索创新、城乡融合发展中的新型城镇化体制和政策试验改革两个阶段。成都市的实践探索具有以下值得学习和借鉴的经验：树立超前理念，即从扩大内需角度破解城镇化进程中的城乡二元结构体制和政策难题；找准关键着力点，即推动城乡要素平等交换和自由流动以及公共资源合理配置；探索实施科学路径，即注重资源的集聚作用，发挥城市的规模效应，同时推动要素从城市流向乡村，实施从集聚走向平衡的探索路径；推进城乡产业深度融合发展，即适应三次产业"裂变—跨界—融合"趋势，加快城乡产业深度融合，构建现代农业生态圈；形成就近城镇化的城镇化空间新格局，即以主体功能区为统领，重视中小城市、特色镇和新型社区发展，优化新型城镇化空间布局与形态；实施"体系一致、可自由转换"的城乡户籍和社会保障制度，即厘清户籍制度改革的本质，渐进式实现基本公共服务均等化，增强了公共资源的可流动性。

（4）西部地区新型城镇化进程中城乡二元结构体制和政策变迁受国家重大战略的影响和驱动更为明显，政府主导作用较强，探索城乡融合发展的动力强劲。西部地区城乡融合发展的新型城镇化制度呈现出以下趋势：保护农业农村农民利益、高度重视农业转移人口市民化问题、城乡之间日益扩大开放范围、改革探索坚持系统推进、实施区域间的差异化探索路径。西部地区推进新型城镇化过程中的体制和政策创新，一方面要遵从在集聚中走向平衡的总体路径，另一方面以持续的权利开放作为城乡要素自由有序流动的关键支撑。

（5）西部地区优化新型城镇化空间形态要高度重视以下任务：加快培

育西部陆海新通道，推动陇海兰新发展轴联动发展；以促进中心城市与周边城市（镇）同城化发展为导向，积极培育现代化都市圈，促进大、中、小城市协调发展；以成渝地区双城经济圈建设为重点，健全城市群一体化发展机制，提升城市群对区域经济的辐射带动力；推进以县城为重要载体的城镇化建设；在县域城乡融合发展中积极培育特色村镇。同时，西部地区优化新型城镇化空间形态需要完善以下政策诉求：加快西部陆海新通道建设、增强新型城镇化发展的产业支撑、完善都市圈建设配套政策、深化城镇投融资体制改革、构建促进人口有效流动的管理制度。

（6）西部地区应当从牢固树立新型城镇化"以人为本"理念、着力提升农业转移人口市民化质量、深入完善城乡融合发展的体制和政策、争取国家加大对新型城镇化改革创新的支持力度等方面落实相关政策诉求。

二、创新之处

（1）本书紧紧围绕着新型城镇化进程中的体制和政策问题来研究，对体制、制度、政策的内涵进行了区分，对体制和政策问题的表现、实质、变迁历程及特征和趋势等都进行了较为细致的研究，尽力避免将推进新型城镇化过程中出现的体制和政策问题与新型城镇化发展问题混为一谈。

（2）本书注重研究西部地区推进新型城镇化过程中体制和政策问题的特殊性，包括分析新发展格局下西部地区推进新型城镇化的特殊性重要性、西部地区新型城镇化过程中体制和政策问题的特殊表现、产生根源及变迁特征等，增加了研究的深刻性和特色性。

（3）本书全面系统地总结了成都市城乡融合发展中新型城镇化试验改革探索实践的经验。从2007年6月获批全国统筹城乡综合改革配套试验区以来，成都试验区已运行了约16年，积累了许多宝贵经验，值得好好总结。本书结合新时代加快构建新发展格局、促进高质量发展、全面建成社会主义现代化强国要求，吸收最新实践进展，对成都市城乡融合发展新型城镇化的改革试验探索实践经验进行了积极总结。

三、存在的不足

西部地区涉及12省（自治区、直辖市），本书实地调查主要集中在四川省内，受新冠疫情影响，部分调研计划被迫中断，所以调研的广度和深度受到影响，同时由于笔者学术水平有限，相关理论分析、趋势判断等可能还不完善，有待日后持续逐步深入研究。

第二章 新发展格局下我国推进新型城镇化过程中的体制和政策问题分析

"十四五"乃至未来更远时期，我国经济与社会发展要坚持以推进高质量发展为主题，把实施扩大内需战略同深化供给侧结构性改革有机结合起来，增强国内大循环内生动力和可靠性，提升国际循环质量和水平①。在新发展格局下，我国推进新型城镇化具有重要意义，对新型城镇化过程中的体制和政策创新问题也更应进一步予以高度重视与加强研究。

第一节 新发展格局下我国推进新型城镇化的重要意义

加快构建新发展格局是以习近平同志为核心的党中央根据我国新发展阶段、新历史任务、新环境条件做出的重大战略决策，是习近平新时代中国特色社会主义经济思想的又一重大理论成果，必将对我国推进高质量发展、全面建成社会主义现代化强国产生重要而深远的影响。城乡区域经济循环是国内大循环的重要方面。我国新型城镇化既创造巨大需求，又提升有效供给，是扩大内需的现实载体和依托，对加快构建新发展格局提供了重要支撑。

一、对我国加快构建新发展格局内涵的理解

2020 年 4 月，习近平总书记在中央财经委员会第七次会议上首次提

---

① 习近平. 高举中国特色社会主义伟大旗帜 为全面建设社会主义现代化国家而团结奋斗：在中国共产党第二十次全国代表大会上的报告 [M]. 北京：人民出版社，2022：28.

出，构建以国内大循环为主体、国内国际双循环相互促进的新发展格局。2020年10月，党的十九届五中全会通过了《中共中央关于制定国民经济和社会发展第十四个五年规划和二〇三五年远景目标的建议》，强调坚持扩大内需这个战略基点，畅通国内大循环，促进国内国际双循环；并对构建新发展格局做出全面部署。2021年1月，习近平总书记在省部级主要领导干部学习贯彻党的十九届五中全会精神专题研讨班上，进一步对加快构建新发展格局做出系统论述。2021年3月，"新发展格局"概念被正式载入我国国民经济和社会发展第十四个五年规划纲要。2021年7月，习近平总书记主持召开中央全面深化改革委员会第二十次会议，审议通过了《关于加快构建新发展格局的指导意见》。2021年11月，党的十九届六中全会审议通过《中共中央关于党的百年奋斗重大成就和历史经验的决议》，把"加快构建以国内大循环为主体、国内国际双循环相互促进的新发展格局"作为"十个明确"中的重要内容，更加突出了构建新发展格局的政治意义、战略意义和时代意义①。2022年4月，《中共中央 国务院关于加快建设全国统一大市场的意见》发布，明确要求加快建立全国统一的市场制度规则，打破地方保护和市场分割，打通制约经济循环的重要堵点，加快建设高效规范、公平竞争、充分开放的全国统一大市场②。2022年10月，党的二十大胜利召开，要求必须完整、准确、全面贯彻新发展理念，坚持社会主义市场经济改革方向，坚持高水平对外开放，加快构建以国内大循环为主体、国内国际双循环相互促进的新发展格局③。

我国加快构建新发展格局是基于国际上百年未有之大变局加速演进的大趋势、新发展阶段国内发展不平衡不充分的现实状况，掌握发展主动权，推进经济与社会高质量发展的先手棋，既有采取出口外向型经济发展模式的国家的前车之鉴，也有自身近年实践探索经验的支撑，做好了长期努力奋斗的准备，并非短期被迫之举或权宜之计。习近平总书记对加快构建新发展格局的论述有助于我们系统深入理解其内涵。具体来讲，一是构建新发展格局代表着经济形态从以外向型经济为主向以内需型经济为主。但这是在全国统一大市场基础上的以内需经济为主，是针对全国而言的，

① 杨虎涛. 构建新发展格局：关键、特征与支撑 [N]. 经济日报，2022-02-22 (11).

② 《中共中央 国务院关于加快建设全国统一大市场的意见》。

③ 习近平. 高举中国特色主义伟大旗帜 为全面建设社会主义现代化国家而团结奋斗 [M]. 北京：人民出版社，2022：28.

不是要求各省内、市内、县内搞"小而全"的自我小循环，更不能以"内循环"的名义搞地区封锁。二是构建新发展格局要正确看待国内大循环和国内国际"双循环"。国内大循环是主体，具有基础性、主导性作用，只有国内循环畅通起来了，才能任由国际风云变幻，始终充满朝气地生存和发展下去。国际循环服务于国内循环。为此，习近平总书记强调，在实践中，我们既不能只讲前半句，片面强调"以国内大循环为主"，主张在对外开放上进行大幅度收缩；也不能只讲后半句，片面强调"国内国际双循环"，不顾国际格局和形势变化，固守"两头在外、大进大出"的旧思路。三是构建新发展格局的关键在于经济循环的畅通无阻。构建新发展格局要将重点放在我国自身力量上，在重点发展任务上做到自主、可控。为使国内大循环成为主要经济形态，就要加快培育完整的内需体系，把实施扩大内需战略同深化供给侧结构性改革有机结合起来；加快科技自立自强，在原始创新上有更大作为；推动产业链供应链优化升级，着力构建自主可控、安全高效的产业链供应链；推进农业农村现代化，提高人民生活品质等[①]。

二、新发展格局下我国推进新型城镇化的重要意义

（一）推进新型城镇化为构建新发展格局提供强大引擎

我国实现内部大循环、促进内外双循环必须利用好大国经济纵深广阔的优势，使规模效应和集聚效应得到更好发挥。新型城镇化可以发挥都市圈、城市群在新发展格局中的核心与枢纽作用，增强中心城市的创新策源地功能，提高县城对特色村镇和广大农村地区的生产与生活服务功能，建立以都市圈、城市群为载体的经济循环系统，促进生产要素流动、集聚和扩散，优化和稳定区域化、本地化的产业链和供应链，提高经济空间配置与运行效率，从而为构建新发展格局提供强大引擎。尤其是对中、西部地区来讲，培育都市圈、城市群不仅为国家提供了有发展潜力的重要增长极，也为中、西部地区对外开放构筑了新高地，为促进国内国际双循环提供了有利条件。

（二）推进新型城镇化有助于真正释放城乡居民消费潜力

从国内大循环与国内国际双循环的关系看，国内循环是基础，国际市场是国内市场的延伸，国内大循环为国内国际双循环提供坚实基础。畅通

---

① 习近平. 新发展阶段贯彻新发展理念必然要求构建新发展格局 [J]. 环境与可持续发展，2022（5）：4-14.

国内大循环，最重要的就是坚持扩大内需这个战略基点，这是真正抓住对外开放机遇和实现国内国际双循环相互促进的关键所在。新型城镇化通过深化户籍制度改革，推进城镇常住人口共享城镇基本公共服务，实施乡村振兴战略等，形成以工补农、以城带乡的新型城乡关系，由此切实释放城乡居民消费潜力，能够为加快构建新发展格局奠定最为牢固的基础和贡献不竭的动力。

（三）推进新型城镇化有利于实现城乡要素畅通循环

加快构建新发展格局是发展问题，但本质上是改革问题，需要破除阻碍国内大循环和国内国际双循环畅通的体制机制、制度和利益羁绊，降低全社会的交易成本，实现国民经济的高质量发展。经过多年的努力，城乡商品市场早已畅通，但城乡要素自由流动改革仍较为滞后，突出表现在城市的人才、资本、技术进入乡村还面临不少制约和障碍，乡村资源要素价值难以充分显现。城乡要素循环存在梗阻，无疑不利于加快构建新发展格局。新型城镇化通过构建城乡一体的土地市场，进一步深化农村土地产权制度改革等，打通要素从城市到乡村的通道，从而真正实现城乡要素双向有序自由流动，为加快构建新发展格局，破除生产要素市场化配置的体制机制障碍提供条件。

（四）推进新型城镇化有利于启动投资需求

宏观经济理论表明，受收入、心理预防动机等影响，启动消费需求一般难以奏效。为此，政府就要发挥逆周期宏观调控的功能，通过加大对基础设施、基本公共服务等公共领域投资来带动企业投资，从而带动就业和促进消费。相较于 1997 年亚洲金融危机、2008 年国际金融危机的操作，为避免直接出手操作带来的棘手问题，当前我国政府投资已经转变为相关体制机制创新方面。近年来，我国通过实施新型城镇化战略，城乡差距得到极大缓解，但城乡基本公共服务、基础设施方面的差距仍是肉眼可见的。推进新型城镇化可通过城乡融合发展思路，提高乡村公共服务、基础设施水平，建设宜居宜业和美乡村。这既弥补了新型城镇化发展的短板，又为构建新发展格局注入了一股强大动力。

第二节　我国新型城镇化发展现状与趋势

改革开放以来，我国城镇化进程明显加快，取得了令世界瞩目的成就。尤其是党的十八以来，我国新型城镇化深入发展，以人为核心的政策日益健全和完善，成为牵引高质量发展的强大动力。同时，我国新型城镇化也存在一些不足，并表现出较为明显的趋势性特征。

一、我国新型城镇化发展现状

（一）我国新型城镇化发展取得的成效

1. 城镇人口数量不断增加，城镇化率持续攀升

1978—2022 年，我国城镇常住人口数量由 1.72 亿人增加到 9.20 亿人，常住人口城镇化率由 17.92% 提高至 65.22%，提高了 47.30 个百分点，年均约上升 1.08 个百分点。党的十八大以来，我国常住人口城镇化率增长更为明显，从 2012 年的 51.3% 升至 2022 年的 65.22%，提高了 13.92个百分点，年均约上升 1.39 个百分点。2021 年底，全国城市数量达 691个，其中地级以上城市 297 个，县级市 394 个，分别比 2012 年增加 8 个和26 个。建制镇 21 322 个，比 2012 年底增加 1 441 个。具体见图 2-1。

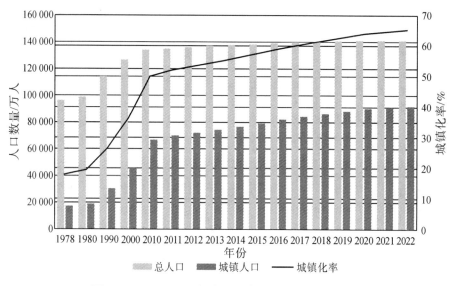

图 2-1　1978—2022 年我国城镇化率和城镇人口情况

2. 农业转移人口市民化进程明显加快

党的十八大以来，我国农业转移人口市民化制度基本建立，市民化质量稳步提高。户籍制度改革取得历史性突破，城市落户门槛大幅降低，城区常住人口 300 万以下城市基本取消落户限制，城区常住人口 300 万以上城市有序放宽落户条件。2014 年以来，全国有 1.3 亿农业转移人口成为城

镇居民。2021 年底，常住人口城镇化率达到 64.7%，比 2012 年底提高 11.6 个百分点，年均提高 1.3 个百分点。城镇基本公共服务覆盖范围扩大，农民工参加城镇职工基本医疗和养老保险的比例提高，随迁子女在常住地接受义务教育的要求落实，2021 年，90.9% 的义务教育阶段随迁子女在流入地公办学校就读或享受政府购买学位服务。

3. 城市群、都市圈加快培育壮大，推动大、中、小城市和小城镇协调发展

我国"19+2"城市群布局总体确立。截至 2020 年底，它们承载了全国将近 92% 的经济总量和 82% 的人口总量（详见表 2-1），尤其是京津冀协同发展、粤港澳大湾区建设、长三角一体化发展取得重要进展，成为名副其实的带动全国经济发展的强大引擎和参与国际竞争的重要单元。自 2019 年国家发展改革委发布《关于培育发展现代化都市圈的指导意见》（发改规划〔2019〕328 号）以来，截至 2022 年底，国家一共出台了 7 个都市圈发展规划，在有条件的城市群发展都市圈、促进都市圈同城化发展成为推动城市群一体化发展的重要举措。截至 2020 年底，我国共有 7 个超大城市、14 个特大城市、84 个大城市（其中I型大城市 14 个、II型大城市 70 个）、中等城市 135 个、小城市 442 个（其中I型小城市 335 个、II型小城市 107 个）[①]。

表 2-1　2020 年我国 19 个城市群经济和人口总量情况

城市群	地方 GDP/亿元	地方 GDP 占全国 GDP 比重/%	常住人口/万人	常住人口占全国人口比重/%
长江三角洲	211 978.2	20.86	11 491.56	8.20
珠江三角洲	89 523.93	8.81	6 933.62	4.95
京津冀	87 794.11	8.64	11 297.97	8.06
山东半岛	73 769.41	7.26	10 247.99	7.31
北部湾	21 448.26	2.11	4 407.13	3.14
成渝地区	68 230.22	6.72	10 277.43	7.33
海峡西岸	69 964.17	6.89	9 530.18	6.80
长江中游	93 930.21	9.25	12 652.56	9.02
关中平原	21 933.25	2.16	3 915.86	2.79
中原地区	81 264.88	8.00	16 228.51	11.57
哈长地区	21 193.99	2.09	4 345.35	3.10

---

① 笔者根据《2020 中国人口普查分县资料》整理统计。

表2-1(续)

城市群	地方 GDP/亿元	地方 GDP 占全国 GDP 比重/%	常住人口/万人	常住人口占全国人口比重/%
辽中南地区	21 108.90	2.08	3 065.09	2.19
黔中地区	13 805.75	1.36	2 923.05	2.08
滇中地区	15 540.92	1.53	2 337.4	1.67
呼包鄂榆	13 211.36	1.30	1 195.01	0.85
山西中部	8 936.86	0.88	1 609.48	1.15
兰西地区	6 430.29	0.63	1 572.66	1.12
天山北坡	7 010.09	0.69	898.21	0.64
宁夏沿黄	3 568.08	0.35	606.61	0.43
合计	930 642.80	91.60	115 535.70	82.40

资料来源:根据《中国城市统计年鉴》整理得到。

4. 城市发展理念和发展方式加快转变

城市作为产业发展载体和创新高地的作用日益凸显。传统产业加快转型升级,工业产业高质量发展,服务业比重上升,城市产业结构持续优化。2021 年,我国地级以上城市高技术制造业增加值占规模以上工业增加值的 15.1%,2012 年,这一水平高出 5.7 个百分点;2020 年,我国地级以上城市第三产业增加值所占比重为 60.5%。城市综合承载能力不断提升。截至 2021 年底,我国城市供水普及率、燃气普及率、污水处理率分别为99.38%、98.04% 和 97.89%;人均公园绿地达到 14.87 平方米;道路长度为 53.25 万千米,是 2012 年的 1.63 倍①。

5. 城乡等相关体制机制改革取得积极进展

经过前期统筹城乡发展的实践探索,我国城乡隔离状态已被完全打破,初步构建起城乡一体的制度体系。自党的十九大提出"建立健全城乡融合发展体制机制和政策体系"以来,我国于 2019 年底设立了 11 个国家城乡融合发展试验区,它们都制定并下发了实施方案,各项改革试验任务稳步推进。2022 年,我国城镇居民人均可支配收入 49 283 元,农村居民人均可支配收入 20 133 元,同比实际增长分别为 1.9% 和 3.9%,农村居民人均可支配收入增速已连续 13 年快于城镇居民人均可支配收入,城乡居民人均可支配收入比值为 2.45,比 2012 年下降 0.43 个百分点。此外,我国分

---

① 《中国城乡建设统计年鉴 2021》。

3 批在 2 个省和 246 个城市（镇）开展的国家新型城镇化综合试点，还进行了健全城镇化投融资机制、改革创新行政管理体制、提高城市建设与治理水平等探索，并取得了一定成效。

（二）我国新型城镇化发展存在的不足

1. 农业转移人口市民化进程仍较为滞后

2012—2021 年，我国户籍人口城镇化率与常住人口城镇化率的差距由 17.24 个百分点升为 18.02 个百分点，总体上呈现波动中上升的趋势①。与此同时，2012—2021 年，我国农民工总量由 26 261 万人增长到 29 251 万人，增加了 2 990 万人；其中外出农民工也由 16 336 万人上升到 17 172 万人，增加了 836 万人。截至 2021 年底，我国外出农民工占农民工总量的 58.71%。具体见图 2-2。虽然近年城乡土地制度、户籍制度等改革探索已经有了一定进展，但大量农村富余劳动力在同工同酬、享受城镇基本公共服务等方面与城镇居民差距仍较明显，导致他们依然"离乡不放土"，成为"城乡两栖人"。如 2021 年，进城农民工人均居住面积 21.7 平方米，而我国城市家庭人均居住面积为 36.52 平方米②，后者是前者的 1.68 倍。在进城农民工随迁儿童教育方面，除了关注义务教育年龄段子女入学升学外，也要关注 3~5 岁随迁儿童因未入园而无人照顾的棘手问题③。

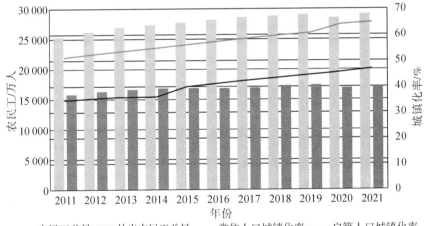

图 2-2　我国农民工数量与不完全城镇化率变化情况

---

① 数据有波动，2016 年达到最低点 16.15 个百分点，但 2020 年、2021 年上升较为明显。
② 《中国人口普查年鉴 2020》。
③ 李国平，孙瑀. 以人为核心的新型城镇化建设探究［J］. 改革，2022（12）：36-43.

2. 土地城镇化与人口城镇化仍不匹配

在传统城镇化模式下，土地城镇化明显快于人口城镇化一直是最令人诟病的地方之一。自新型城镇化实施以来，这一弊病虽然有所变化但仍未被根本扭转。2013—2018年，我国城市建成区面积增长率都高于城市城区人口增长率，两者差距在2013年达到最大值即2.43个百分点；2019—2021年，我国城市城区人口增长率首次反超城市建成区面积增长率，两者差距在2020年达到最大值即2.01个百分点。综合下来，2013—2021年，我国城市建成区面积年均增长率为3.36%，而城市城区人口年均增长率为3.24%，所以虽然这种差距有所缩小，土地城镇化依然快于人口城镇化。土地城镇化速度明显快于人口城镇化速度，不仅造成农业转移人口流入地房价高企，而且使得农业人口流出地房地产供过于求、农村宅基地日益扩大，也加大了地方政府债务等财政金融风险。

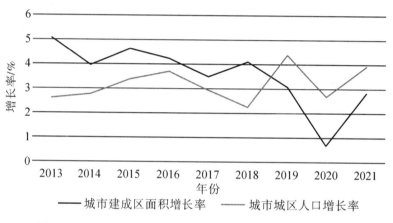

图2-3　2013—2021年我国土地城镇化与人口城镇化匹配程度

3. 大、中、小城市和小城镇协调发展有待加强

当前，城市群尤其是跨省域城市群一体化进程较为缓慢，在现行行政区划管理体制下，内部城市合作意愿和动力不强。具体表现在：城市群内部城市分工不合理，产业同质化发展较为严重，超大城市、特大城市及大城市规模与自身综合承载力之间的矛盾日益突出；中小城市集聚产业和人口不足，自身活力发挥不够；小城镇数量大，但规模和集聚能力仍较低，

特大镇受行政体制制约设市制度不通畅①。

4. 体制和政策改革仍不到位

21 世纪初期我国开始实施的统筹城乡发展以及党的十九大以来的城乡融合发展探索，使城乡二元结构受到了前所未有的冲击，并得到了极大的松动，也为推进新型城镇化积累了多方面可贵的探索经验。但城乡二元的户籍、土地、财政金融等制度改革未能实现联动，城乡二元结构体制和政策改革关键领域尚未取得进展。另外，城镇化投融资机制、行政管理体制创新等仍需要进一步突破。

二、我国新型城镇化发展趋势

（一）更加注重城镇化质量提升

2011 年，我国常住人口城镇化率达到 51.83%，这是我国常住人口城镇化率首次超过 50%。从世界经验来看，工业化先行的国家在城镇化率超过 50% 后，意味着基本实现了现代化，此后城镇化步伐普遍放缓，开始解决城乡发展不平衡、"城市病"治理等问题。从我国实际表现来看，农业人口不断进城仍是大趋势，我国城镇化率仍将持续增加，但同时受新常态下经济增长速度放慢、人口结构变化等因素影响，城镇化率增速将较之前有所放缓。我国将更加注重城镇化质量的提升，着力解决人口不完全城镇化问题，充分发挥城市和乡村各自的比较优势，破除体制机制和政策障碍，实现城乡融合发展，不断满足城乡居民对美好生活的期待和追求。

（二）城市群、都市圈作为城镇化主体空间形态将更加清晰

从国家"十一五"规划纲要首提将城市群作为城镇化空间主体形态以来，国家"十二五""十三五"规划纲要都继续坚持这一思路并明确提出支持城市群发展壮大的方向与要求。以城市群作为我国城镇化空间主体形态，就是要求在有条件的地方，积极推动城镇密集区中的大、中、小城市协调发展，以大、中、小城市集聚扩散效应的协同发挥最大限度地增强对人口和产业的承载能力。包括的城市范围过宽导致空间尺度不够精准，我国城市群一体化发展水平较低，因此在有条件的区域培育都市圈就成为促

---

① 国家发展和改革委员会. 国家新型城镇化报告（2015）[M]. 北京：中国计划出版社，2016：37.

进城市群体化一体化发展的必然选择。相对于城市群，都市圈空间尺度更小、更为精准，更有利于推进城乡群一体化发展。可以说，未来引领城镇化发展的引擎在于城市群、都市圈的发展，未来城镇化竞争的焦点也在于城市群、都市圈的发展。

（三）更加注重市场主导作用和多模式推进

在以人为本理念下，我国开始注重城镇化发展的自然演进规律，关键是要发挥好市场决定、政府引导的作用，在城镇化空间形态、产业发展、体制机制创新等方面鼓励因地制宜地发展多种模式。与以往偏好单一的城市带动尤其是大城市、特大城市带动的集中型城镇化模式不同，新型城镇化既可以发展大城市带动大郊区模式，也可以走城乡互动型的就近城镇化模式，在不适宜人居的地区可以考虑生态移民等模式。

（四）更加注重城市可持续发展

城市的核心是人。简单言之，"以人为本"就是以人的衣食住行、生老病死、安居乐业为本。为此，城市规划和建设既要满足人们通过就业提高自身生活水平的需求，也要满足人们对公平包容社会的需求，还要满足人们对生态环境、安全、文化等多方面的需求。在未来，随着人们生活水平的提高，城镇居民对生态环境、健康、文化、安全的需求将持续增加，居民诉求表达也将更加多元和迫切。因此，未来我国城镇发展将更加注重统筹安排生产、生活、生态空间，走绿色、安全、宜居的可持续发展之路。

（五）更加注重东、中、西部地区非均衡协调发展

我国中、西部地区城镇发展进程明显落后于东部地区。东部地区不少城市因为产业支撑较强、基本公共服务品质较高，仍是未来农民工跨省流动的主要区域。但随着中部崛起、西部大开发战略的深入实施，东部产业加速向中、西部地区转移，中、西部地区新型城镇化发展的产业支撑、基础设施建设等都将进一步加强，西部地区省内转移和就业的农民工数量分别占其外出农民工总量的比重将持续提高，因而中、西部地区与东部地区的城镇化率差距将继续逐步缩小。在国家"引导约1亿人在中、西部地区就近城镇化"政策指导下，中、西部地区选择在家门口创业或就业的农村劳动力日益增多，中、西部地区将成为我国城镇化的主战场之一。

第三节 我国推进新型城镇化过程中的体制和政策问题

新型城镇化要切实发挥对实现内部大循环、促进内外双循环的重要作用，就必须在改革试验的深水区继续挺进，进一步破除相关体制和政策障碍。与此同时，从实践探索角度来看，我国新型城镇化过程中的体制和政策创新也预留了一些继续优化深化的空间。

一、城乡二元体制和政策方面

（一）主要成效

1. 城乡土地制度改革继续深入推进

党的十八大以来，在全面推进农村土地产权制度改革的基础上，我国围绕推进农村承包地"三权分置"、完善农村宅基地和农房政策、用好用火集体经营性建设用地、加大征地制度改革力度等进行了不懈探索，并取得了较为明显的进展。一是明晰农村土地产权。农村承包地确权登记颁证工作基本完成，摸清了底数，稳定了承包关系，为土地适度规模经营和新型农业经营主体培育奠定了基础。二是农村承包地"三权分置"取得重大进展。截至 2019 年底，全国家庭联产承包耕地流转面积达到 5.55 亿亩（1 亩≈666.67 平方米，下同）。第二轮土地承包到期后再延长 30 年的政策，给农民吃下了长效"定心丸"。三是农村宅基地改革探索稳步推进。部分地区在宅基地使用权确权登记颁证、盘活闲置宅基地、自愿有偿退出宅基地等方面进行了很多有益探索，在保障农民合法居住权的基础上赋予了农民更多财产权。四是农村集体经营性建设用地入市进展明显。在市场交易规则、服务监管制度、入市主体及其组织形式等方面，农村集体经营性建设用地入市也取得了不少成功经验，很多做法已被纳入《中华人民共和国土地管理法》修正案，以法律形式确认并固定下来。五是征地制度改革持续推进。从 2018 年开始，我国建立了建设用地增量安排与存量盘活挂钩（"增存挂钩"）机制，目前全国建设用地供应总量中，盘活利用存量部分占 25%，部分地方达到 50%。

2. 城乡户籍制度改革效应加快显现和释放

党的十八大以来，随着我国一系列户籍制度改革重大政策的出台，户籍制度改革驶入快通道，改革红利惠及亿万人民。一是农业转移人口市民化的顶层制度设计不断健全和完善。截至 2020 年底，在各部门、各地区的共同努力下，全国 31 个省（自治区、直辖市）及新疆生产建设兵团已全部出台户籍制度改革方案或意见，全国范围内的户籍制度改革政策框架已基本构建完成，农业转移人口市民化的制度通道基本打通，进城务工农民中的 1 亿人在城镇落户目标提前顺利实现。二是城市落户条件进一步放开放宽。北京、上海、广州等超大城市都建立了公开透明的积分落户制度，此前一些落户门槛较高的特大城市、大城市，持续全面放宽落户限制，其他城市的落户限制已基本取消。如安徽省合肥市将主城区落户条件放宽为就业满 2 年、参加城镇社保满 1 年；广东省东莞市取消实施 8 年的积分落户制度，将落户条件放宽为参加城镇社保满 5 年、办理居住证满 5 年，并将新生代农民工、技术工人、在城镇就业居住 5 年以上人口列为落户重点人群[①]。三是加强差异化制度创新。一些城市探索在不同区域实行差异化落户，并构建区域间转户衔接通道，引导人口合理分布。如山东青岛新区落户条件低于主城区、高于县城，在新区落户满 5 年的可落户主城区；一些城市专门为公交、消防、环卫等艰苦行业从业人员下达落户指标；中职、技校毕业生可在西安、郑州直接落户。

专栏 2-1   21 世纪以来我国户籍制度改革的三种模式

（1）统一户籍登记模式：彻底取消农民与城镇居民、农业户口与非农业户口之分，统一为居民和居民户口，并以城乡基本公共服务均等化为核心指导，即不管居民处于城乡的任何角落，均能享受城乡一致的基本公共服务。

（2）有条件准入模式：集聚流动人口较多的城市所采取的改革路径，即各地根据自身情况和发展目标设置一定的准入门槛，把具有合法固定住所、稳定的职业或生活来源作为在当地落户条件，有选择性地引进所需人才，以应对本地劳动力的供求矛盾，提高本地劳动力的整体质量，较为灵活地平衡本地人口和外来人口对公共服务资源的需求。

（3）积分权益制模式：对外来人口在流入地的连续工作年限、文化程度、技能水平、就业类型、经济贡献、遵纪守法等情况进行积分登记，同

---

① 参见《国家发展改革委办公厅关于印发第一批国家新型城镇化综合试点经验的通知》（发改办规划〔2018〕496 号）。

时城市政府根据当地人才需求和城市承载力确定对应于各积分等级的公共服务和社会福利，外来人口根据相应的积分享受公共服务和社会福利。

（4）三种模式的比较：统一户籍登记模式虽然一步到位解决了城乡户籍的二元问题，但是对城市的财政实力和承载力要求较高，否则很容易出现城市公共资源紧缺和农村公共资源浪费并存的现象。有条件转入模式对能够获得城市户籍的人口具有很强的选择性，虽然也具有将户籍制度与公共服务相剥离的意味，但受众面毕竟有限。积分权益制是一种剥离式户籍制度改革，它将积分作为外来人来享受城市基本公共服务的基础而不是前提，这有别于"有条件准入模式"。

资料来源部分参考了：彭希哲，万芊，黄苏萍. 积分权益制：兼顾户籍改革多重目标的普惠型制度选择［J］. 人口与经济，2014（1）：28-36.

3. 农村融资渠道不断拓宽

随着乡村振兴战略的深入实施以及农村产权制度改革的全面推进，一些区域积极开展试验探索，不断开辟新的农村融资渠道，很大程度上缓解了农村融资难、融资贵的问题。一是通过金融产品创新，适时扩大融资主体。如山东省淄博市联合山东省农业信贷担保有限公司淄博管理中心、中国农业银行淄博分行针对新型农业经营主体涉农数字化改造、涉农场景应用拓展等发放优惠贷款。二是开展农村产权抵押贷款。农村产权制度改革的顺利推进为解决农村融资缺乏金融机构合意的抵押物问题提供了契机。如黑龙江省齐齐哈尔市"四权"抵押、福建省仙游市"农地+农户+合作社+征信"担保融资模式、湖南省浏阳市农民住房抵押贷款和广东省广州市花都区生猪抵押融资等（详见表2-4）。三是健全融资风险分担机制。一些区域创新了相关的政策性农业保险产品，并设立政策性风险补偿资金等完善农村资产抵押担保融资模式。如浙江省湖州市扩大政策性农业保险范围，探索出长兴杨梅采摘期降雨指数保险、安吉毛竹收购价格指数保险等险种。江苏沛县建立了农村金融风险防范处置机制，由政府专项风险基金代偿金融机构不良贷款损失，并由县级土地流转公司对抵押物进行处置。

表 2-4　农村产权（资产）抵押融资探索相关实践探索

区域及探索模式	具体抵押物	重要特征
黑龙江省齐齐哈尔市"四权"抵押	土地承包经营权、农村集体资源使用权、预期收益权、大中型农机具和不动产产权	充分发挥服务型政府功能，为农户、经营者与金融机构牵线搭桥；金融机构适时推出新产品
福建省仙游市"农地+农户+合作社+征信"担保融资模式	农村土地承包经营权	以纯信用、免担保、纯线上、可自助、可循环的生产经营贷款模式为基础，以入股农民合作社的农村承包地经营权和可预期经营效益为担保
湖南省浏阳市农民住房抵押贷款	农房所有权	探索宅基地"三权分置"，大力推进农房确权颁证，明确和细化了农房抵押贷款的范围、条件、程序和规则
四川崇州农村资产抵押融资	农业生产设施设备和农作物等9类	发展"农贷通2.0版"，将农村产权和农村生物资产都纳入抵押物范围，提供综合性金融服务
河南长葛"农村承包地经营权抵押+贷款保证保险+政府风险补偿资金"模式	农村承包地经营权	金融机构加强创新金融产品，针对农户和农业经营主体的不同情况，推出信用类和抵押担保类等多种贷款产品
广东广州花都区生猪抵押融资	生猪（生物资产）	针对以往活物难以作为农户或企业的抵押担保物问题，将生物资产作为合格抵押品，开辟了农村新融资模式

资料来源：对第一、二、三批国家新型城镇化综合试点经验总结的归纳整理。

4. 城乡基本公共服务水平显著提高

经过近年的改革探索，我国不仅将农业转移人口享受城镇基本公共服务放在重要地位，而且着力提升农村基本公共服务水平，城乡基本公共服务向着制度接轨、质量均衡、水平均等的方向迈出了一大步。

一是常住人口基本享有城镇基本公共服务。截至2022年4月底，全国共发放居住证超过1.3亿张，各地进一步增加居住证持有人可以享受的公共服务种类，居住证"含金量"持续提高。随迁子女平等接受义务教育的权利得到较好保障。2021年，90.9%的义务教育阶段随迁子女在流入地公办学校就读或享受政府购买学位服务；随迁子女在流入地接受中等职业教育免学费等国家资助政策稳步实施，各类补贴性职业技能培训规模不断扩大。住房保障和就业服务逐步覆盖常住人口，全国大部分市县已将进城落户农民和稳定就业农民工纳入公租房保障，一些城市将符合条件的农业转移人口纳入公租房保障和住房公积金缴存范围，一些城市通过盘活存量资产改善农业转移人口居住条件。

二是城乡基本公共服务更加普惠。城乡居民享受的医疗公共服务水平逐步提高。2021年，城镇地区有87.5%的住户所在社区有卫生站，农村地区有94.8%的住户所在自然村有卫生站，分别比2013年提高7.8个百分点和13.2个百分点。城乡教育服务水平明显提高。2021年，城镇地区分别有99%、99.2%的住户所在社区可以便利地上幼儿园或学前班、小学，依次比2013年提高2.3个百分点和2.4个百分点；农村地区分别有90.1%、91.3%的住户所在自然村可以便利地上幼儿园或学前班、小学，依次比2013年提高14.4个百分点和10.5个百分点①。各类社会保险转移接续机制加快完善。

（二）存在的突出问题

1. 城乡要素双向有序流动仍存在障碍

当前，城乡要素双向有序流动进程不平衡，要素从乡村有序流向城市的进程要领先于要素从城市流向乡村，一些关键性的制度约束尚未被突破。要素从乡村流向城市的通道都已经搭建起来，但乡村仍相对封闭，引导要素从城市流向乡村面临着渠道不通畅、落地难的问题。尤其是，城乡统一建设的建设用地市场尚未建立，成为制约引导要素从城市流向乡村的最基本也最关键的障碍，农村土地无法通过市场充分流转，土地增值收益在城乡之间分配不合理，导致农民和村集体的利益难以保障。资金在城乡之间的流动较为复杂，农村融资抵押物、担保物范围狭窄，风险共担机制尚未形成等，这些都使得农村金融服务供给不足。

2. 城乡公共资源配置仍不合理

尽管农村基本公共服务水平有了很大提升，但教育、医疗等公共资源在城乡之间的配置仍不均衡，尤其是一些偏远地区的农村区域，基本公共服务和道路、供水、供电、网络等基础设施建设仍存在短板，农村现代化基础设施更是匮乏。个别基本公共服务供给城乡标准还不统一。县域内县城、乡镇、村统筹机制还有待健全和完善。

---

① 国家统计局网站. 居民收入水平较快增长 生活质量取得显著提高：党的十八大以来经济社会发展成就系列报告之十九 ［EB/OL］. http://www.stats.gov.cn/tjsj/sjjd/202210/t20221011_1889085.html.

3. 各项制度之间的系统探索还不够

城乡二元制度涉及经济和社会各个方面，再加上宏观经济环境等的影响，这些制度难题彼此之间相互嵌套，牵一发而动全身，破解起来具有极大的复杂性和难度。虽然目前我国城乡二元制度难题破解已经取得了一些进展，但仍需要进一步加强改革探索的系统性，这样才有助于取得关键领域制度创新的有效突破。

二、城镇行政管理体制方面

（一）主要成效

在我国城市行政等级制度安排下，行政级别高的城市不仅人口规模更大，而且享有的决策自主权和社会资源更多，更为重要的是被赋予了管理其他行政级别较低城市的权力。这种体制对我国城市发展、城镇化推进带来了深刻影响：一是导致大城市与中小城市、小城镇发展机会不均等，造成城镇体系畸形发展；二是行政级别低的城市（镇）的一些重要发展权限都掌握在上一级城市政府手中，当地政府和居民参与城市建设的积极性不高；三是同级城市之间的竞争异常激烈，造成不必要的资源浪费和重复建设。自2017年国家解冻县改市政策后，2017—2021年分别有6个、12个、10个、5个和7个县通过审批成功撤县改市。同时，不同区域探索了推进市辖经济功能区和行政区合署办公、推动机构精简和职能相近部门合并、优化经济发达镇行政管理体制等改革实践。

（二）存在的突出问题

尽管各地努力探索城市行政管理体制改革，但我国行政区划设置与城镇化进程仍不相适应。镇级行政管理体制改革仍较滞后，一些人口规模较大的镇虽然被赋予了一定的行政管理权限，但能否较好地承接这些下放的行政管理权限在很大程度上涉及这些镇的发展水平及制度创新进展状况。行政区划设置滞后于人口的空间分布趋势。目前我国人口流动趋于多元化、复杂化，传统的以行政区划为主导的公共服务供给机制给人口集中流入地区解决公共服务供给带来挑战。以行政区划边界为基础的城市管理体系固化了地区间、城市间的利益关系，城市群和都市圈内部的各城市按照行政区管理，这些造成了城市群一体化、都市圈同城化发展水平不高。

三、领导干部政绩考核体制方面

（一）主要成效

我国领导干部选拔制度在世界范围内具有独特优势，如设立专门的干部考察机构（各级人事组织部门）、更为广泛的干部产生机制、干部异地交流制度等，但以工作实绩（后逐渐演变为看重 GDP 增长）为导向的自上而下的领导干部政绩考核体制一直受到诟病，甚至被认为是引发其他问题的根源所在。偏重 GDP 增长的领导干部政绩考核的弊端表现在：只片面注重经济增长而忽视经济与社会的协调发展、官员打造"面子工程"和"政绩工程"的冲动难以抑制、考核主体单一、考核机制不健全、考核与其成果运用脱节等。党的十六大报告提出的科学发展观向各级领导干部输入了经济与社会要协调发展的科学理念，但考核的指挥棒依然是 GDP 增长，各级领导干部贯彻科学发展观的实际效果不佳。党的十八大召开后，我国出台了《关于改进地方党政领导班子和领导干部政绩考核工作的通知》，针对当前领导干部政绩考核中存在的突出问题，提出了政绩考核要突出科学发展导向、完善政绩考核评价指标、加强对政绩的综合分析、规范和简化各类工作考核等八方面的要求。其中最为核心的便是转变唯 GDP 论英雄的传统思维，即不是不要求 GDP 增长，而是在考核中要加强民生、生态、安全、法制等多个方面的考核内容；不是考核标准降低了，而是考核要求更高了，其实质是比发展理念、发展方式和发展质量。

（二）存在的突出问题

现实表明，不唯 GDP 增长论英雄的领导干部政绩考核观的树立并不能立竿见影，各级领导干部依然很关注 GDP 增长。领导干部政绩考核仍然偏重 GDP 增长，我国城镇化发展也不可避免地带有单纯追求城镇化率增长、热衷于城镇化建设项目的倾向。其主要表现在：一是大搞投资拉动式的城镇化，大搞城市新区、功能区建设，甚至推行房地产式的"城镇化"。二是偏好高收益低成本的城镇化，对进城农民为城市创造财富的事情乐意作为，对推进农民市民化这些需要政府支出成本的事情持冷淡态度甚至推诿躲避。三是追求不协调发展的城镇化。为了使城镇化推进短期见效，一些地方对产业和项目的布局仍向功能已较为集中的中心城区、大城市倾斜，这一方面使中心城区、大城市承载力不堪重负，另一方面也造成小城市专业化程度不够、发展机会不均等。从过分看重 GDP 增长的政绩观转变到不唯 GDP 增长论英雄的政绩观必将是一个长期、艰难甚至痛苦的过程。

四、城镇投融资体制方面

（一）主要成效

新型城镇化融资需求不仅金额巨大，而且具有异质性，同时还面临着地方政府债务沉重、金融表现出脱钩实体经济等固有问题，这也成为构建多元化新型城镇化融资机制需要解决的重点问题。近年，我国不同区域在解决新型城镇化投融资问题方面也进行了有益的探索。一是合理设立城镇化政府引导基金。在目前成立的城镇化政府引导基金中，既有政府财政资金出资、带动金融机构和社会资本跟进的模式（如广西壮族自治区柳州市），也有政府财政资金与金融机构资本合作共同设立、金融机构牵头募集社会资本的模式（如海南省政府与国家开发银行金融公司合作）。二是为乡镇企业、小微企业、中小企业、园区内企业等开发适宜的金融产品和服务。如江苏省常州市武进区推动已入市农村集体经营性建设用地在资本市场与城市国有建设用地同地同权，为乡镇企业股改上市和抵押融资提供助力；浙江省台州市提供200多项个性化金融产品，缓解小微企业融资难题；江苏江阴设立混合所有制的中小企业转贷基金，为中小企业提供过桥资金等①。三是防范和化解地方政府债务风险。各地在化解已有的地方债务的同时，也尤其注意防止新的地方债务产生，如浙江省义乌市把存量一类债务全部置换为地方政府债券；山东省青岛市将新增政府债务全口径纳入预算管理②。

（二）存在的突出问题

虽然我国正在努力通过政策手段降低地方政府对土地财政的依赖度，但对地方财政投入的依赖，加之地方政府债务高企，新型城镇化实际资金投入相对于需求仍然远远不足，并且又进一步影响了地方财政投入的可持续性。另外，吸引民间投资，促进投融资主体多元化，对缓解新型城镇化融资具有重要作用，但部分城镇市政基础设施项目具有纯公益性的要求，投资周期较长，不符合社会资本逐利本性的要求，难以激发其他市场主体的投资积极性。城市群内部融资还未构建起合理的成本分担机制，对增强城市群竞争力带来不利影响。

---

① 《国家发展改革委办公厅关于推广第二批国家新型城镇化综合试点等地区经验的通知》（发改办规划〔2019〕727号）。
② 《国家发展改革委办公厅关于推广第一批国家新型城镇化综合试点等地区经验的通知》（发改办规划〔2018〕496号）。

第四节　我国推进新型城镇化过程中的体制和政策问题的实质

　　综上所述，从全国范围来看，我国推进新型城镇化过程中的体制和政策难题的本质是城乡二元结构体制和政策。在过去很长的时期里，偏重GDP 的领导干部政绩考核体制，使领导干部自觉不自觉地产生利用工业和城市的规模经济效应的念头，从而固化了工业和城市在经济与社会发展中的主导地位，城市偏向的发展思维与理念事实上被加强了。城乡分割的规划体制使得规划本身的科学性不够，也为"多规"冲突提供了空间。我国从 1994 年实行至今的分税制体制，造成了中央与地方财权与事权的严重不对等，使得不少区域尤其是欠发达地区城镇化建设资金缺乏，城镇基本公共服务供给水平低。但地方政府之所以能形成"土地财政"融资模式，其前提便是存在城乡二元的土地制度即农村土地用于城镇化用途后会产生巨额增值收益。因此，财税体制也受到城乡二元结构体制的影响和作用。相较于土地、劳动力流动受城乡二元结构体制的影响来讲，资金在城乡二元结构体制下的流动与配置机理则更为复杂，金融体制改革相对于实体经济的发展需要仍然滞后，其中一个重要原因便是城乡二元结构体制与资本逐利本性、国家防范金融风险的谨慎态度、市场与政府作用边界不清等多种因素相互杂糅作用。我国土地制度的城乡二元性已得到物权法、土地法等法律保障，说明城乡二元的土地制度在很长时期都是对我国经济与社会发展兼具基础性和重要性的制度。在新中国成立初期至改革开放之前，户籍制度是我国城乡二元结构体制和政策最终形成的三大标志之一。目前户籍制度改革难度大，与城乡二元的基本公共服务供给制度、城市行政等级制度也有较大的相关性。如果说土地、劳动力、资金等要素在城乡间的平等交换既受体制和政策的影响，也受市场作用的影响，那么城乡公共资源的配置则完全受体制和政策因素影响。此外，值得注意的是，在加快城镇化发展中消除城乡二元结构体制和政策的影响需要很长的历史时期，不是短期内就能一蹴而就的。

第三章 西部地区新型城镇化发展现状与体制和政策问题剖析

实行改革开放尤其是实施西部大开发战略以来，西部地区①城镇化进程快速推进，成为引领西部地区经济与社会发展的重要动力。随着党的十八大报告正式提出实施新型城镇化战略，加快新型城镇化建设对推进西部地区高质量发展的贡献日益凸显。总体来看，西部地区新型城镇化发展受经济基础、自然条件等因素影响很大，但受体制和政策的影响更为深刻。在新发展格局下，西部地区推进新型城镇化具有特殊的重要意义，也对破解体制和政策难题提出了新要求。换言之，西部地区在新发展格局背景下推进新型城镇化建设以及破解其体制和政策难题，既有全国性的重要意义，又具有自身的特殊性重要性或独特机理。

第一节 新发展格局下西部地区推进新型城镇化的特殊性重要性

新中国成立以来，西部地区始终在我国重大战略布局和维护国家战略安全方面占据着重要地位。在新时代，我国为掌握发展主动权而提出构建新发展格局、促进高质量发展，这意味着西部大开发进入了一个新的阶段，提升了西部地区的战略地位，这在对西部地区产生深远影响的同时也提出了新要求。东、西部地区发展差距实质上是其城镇化发展差距，西部

---

① 西部地区包括四川、云南、贵州、西藏、重庆、陕西、甘肃、青海、宁夏、新疆、广西、内蒙古12个省（自治区、直辖市）。

地区融入新发展格局就需要充分发挥新型城镇化的作用。在新发展格局下，西部地区推进新型城镇化具有不同于全国一般意义的特殊性重要性。

一、西部地区深度融入新发展格局的背景及内涵分析

实施西部大开发战略以来，西部地区在我国经济整体发展全局中承担着四个重要角色：一是突破资源瓶颈的"战略根据地"，二是扩大内需的"战略抓手"，三是东、西部经济互补的"战略支点"，四是我国向西向北发展的"战略通道"①。西部大开发战略实施 20 多年以来，西部地区经济与社会建设取得了重大的历史性成就，也拓展了国家发展的战略回旋空间。截至 2022 年底，西部地区地方生产总值 256 985 亿元，增长 3.2%，而东部地区经济增速同比增长 2.5%②。虽然西部地区经济增速高于东部地区，但与东部地区的发展差距仍然明显，尤其是在财政收入、全社会固定资产投资、对外开放、居民收入等方面，即西部地区自我发展能力不足的问题依然突出。而这一局面的形成也可以从东、西部地区以往参与国内国际循环的实践中找到归因。

改革开放后，在以国际循环为主导的时期，东部地区及时成功地抓住了国外产业转移的新一轮机遇，大力发展"两头在外""大进大出"的外向型产业，实现了自身经济发展的起飞以及后期持续的繁荣。在这个过程中，东、西部地区形成了西部地区提供资源和劳动力，东部沿海地区进行生产、产品再对外出口的区域分工模式，这导致西部地区的资金、人才等资源要素不断流向东部地区，更多的是配合东部地区参与国际循环，造成自身经济发展动力不足。与此同时，受思想观念落后、载体平台优势发挥不足、营商环境不优越等各种制约，西部内陆地区的对外开放步伐仍显缓慢。另外，东部地区对西部地区经济发展的带动作用也很有限。东部地区"两头在外""大进大出"的外向型产业链条短、技术含量低、带动能力弱，再加上西部地区物流成本较高，东部地区外向型产业梯度转移到西部地区的效果也打了很大折扣，致使西部地区产业结构升级缓慢。实际上，西部地区参与国内国际循环都不足。西部地区吸纳要素的能力较弱，同时不利于其参与国内国际循环，开放型经济发展缓慢也使西部地区在国际循

---

① 郭冠男，宋爱娴. 西部地区在"双循环"新发展格局中的战略作用研究 [J]. 中国经贸导刊，2021（6）：23-26.

② 《中华人民共和国 2022 年国民经济和社会发展统计公报》。

环中逐渐失去优势，影响了自身竞争力的提升。

再进一步，在融入新发展格局的过程中，东、西部地区吸纳要素和开放型经济发展的差距实质上是城镇化发展的差距。城镇尤其城市是要素市场的中心。要想深度融入新发展格局、参与国民经济"双循环"，西部地区最为重要的是在建设全国统一大市场中增强在市场上获取发展要素的能力，就需要有吸引力的城镇，否则不但引不来发展要素，还会流失发展要素，而且形不成区域发展极，带不动区域发展。区域间对外开放合作最终还是城市之间的合作，因为城市作为市场的中心，在对外开放合作中可以充分发挥市场网络优势，有效降低交易成本。可见，西部地区推进新型城镇化对其深度融入新发展格局具有举足轻重的作用。

加快构建新发展格局是针对全国而言的，西部地区加快融入新发展格局，并不是西部12个省（自治区、直辖市）各自或联合起来搞"小而全"的自我小循环，而是要借助加快建设全国统一大市场机遇，因地制宜地推进以新型城镇化为核心，以加强区域协同和拓展对外开放空间为主攻方向，在促进要素从东部地区回流以及在城乡间畅通循环、扩大消费市场和推动消费升级、保证产业链稳定、营造良好的营商环境等方面获得更加重要的地位和更高水平的发展。加快构建新发展格局意味着我国经济循环方式面临重大调整，这将有助于西部内陆地区规避外向型经济较弱、内外联动性不足等传统劣势，摆脱过去仅凭借资源能源参与区域产业分工的路径依赖①。

二、新发展格局下西部地区推进新型城镇化的特殊性重要性

（一）有利于推动西部地区就近城镇化发展

随着全国统一大市场建设的推进，加快构建新发展格局将畅通东、西部地区要素循环流动，逐步扭转东、西部地区产业分工模式，西部地区产业发展的效果也将发生质的提升。在产业发展等因素作用下，外出务工人员从东部回流到西部城镇将更加频繁和明显，这将切实推动西部地区就近城镇化发展，加快农业转移人口市民化进程。

（二）有利于城乡要素循环畅通

城乡要素循环是国内经济循环的重要内容。加快构建新发展格局将使西部地区切实促进城乡要素的循环流转，将新型城镇化与乡村振兴有效衔

---

① 张雪原，周君. "双循环"新格局下西部内陆地区参与经济循环的模式转型与规划应对[J]. 规划师，2021（11）：21-27.

接起来，推动城乡互融共兴。除人才、资金、技术这些被经常提到的城乡要素外，生态、文化要素作为西部地区独特的城乡要素，在西部地区参与国内经济循环流转中将发挥重要作用。

（三）有利于保持全国产业链稳定

西部地区积极融入新发展格局将通过畅通要素循环流动，与东部沿海地区形成高水平分工，建立与自身资源禀赋相匹配的高质量产业体系，从而深度参与国内国际产业分工。东、西部地区可以以城镇为主体，实现产业链、供应链和价值链的互补，共同搭建先进、高效、安全、富有竞争力的现代产业体系。西部地区已经培育了产业发展高地，如成渝地区的工业体系较为完备，通过融入"双循环"进一步建设发展，将有效维护国家产业链安全与稳定。

（四）有利于培育都市圈、城市群等战略枢纽

根据世界城镇化发展经验，中心城市、都市圈、城市群是承载先进生产要素和内需市场的主要载体，是一国（或区域）参与国际竞争的主要单元。西部地区积极融入新发展格局，将在集聚能力强、辐射带动作用明显的中心城市、都市圈和城市群汇聚更多要素，从而形成其融入新发展格局的战略枢纽，为全国提供带动区域协调发展的增长极。

（五）有利于刺激消费和推动消费升级

当前，在京津冀经济区中，北京要疏散非首都功能，在长三角经济区中，上海周边人口结构比较复杂，都不可能出现人口的大幅增长。虽然西部地区大部分处于胡焕庸线的西北方向，承载的人口有限，但未来时期像成渝地区、关中城市群内的中心城市的人口还有条件继续增加。西部地区积极融入新发展格局将通过更好的经济产出满足人们的各种各样消费需求。同时，城市的经济、文化、生态等价值将被充分挖掘，乡村的多功能也将不断显露，不断满足人们消费结构逐步升级的需要。

（六）有利于拓展我国参与国际大循环的空间

自2008年国际金融危机以来，受世界百年未有之大变局的演进变化等影响，我国参与国际大循环的环境发生了很大变化，但国际大循环仍然对我国高质量发展起着重要的推动作用。在加快构建新发展格局中，东部地区将继续成为联系国际循环与国内循环的枢纽，依然是参与国际循环的主力。西部地区更有条件充分利用共建"一带一路"等开放合作机遇，研究城市、产业、区域之间的互补性，在国内国际"双循环"中发挥更大作用，从而拓宽我国参与国际大循环的空间。

第二节 西部地区推进新型城镇化发展现状

党的十八大以来，西部地区深入实施新型城镇化战略，城镇化进程持续推进，城镇化质量也有了较为明显的提升。但与此同时，西部地区新型城镇化发展仍然存在一些突出问题，不利于城镇化质量的进一步提升。

一、西部地区推进新型城镇化主要成效

（一）城镇化进程持续平稳推进

截至 2021 年底，西部地区城镇人口达到 2.23 亿人，城镇化率为 58.25%，进入城镇化超过 50% 后的提升质量阶段。除西藏外，西部地区其余 11 个省（自治区、直辖市）城镇化率都超过了 50%。其中，重庆、内蒙古城镇化率在西部地区分别居于第一位、第二位，都在 70% 左右，排在全国 31 个省（自治区、直辖市）前 10 名之列，宁夏、陕西、青海城镇化率超过 60%，处于全国第 11~20 名之间。随着西部地区新型城镇化进程的稳步推进，西部地区与全国、东部地区的城镇化率差距总体呈现缓慢缩小态势。2014—2021 年，西部地区与全国城镇化率差距由 8.38 个百分点下降至 6.47 个百分点，东、西部地区城镇化率由相差 16.27 个百分点变为相差 13.31 个百分点。具体见表 3-1、表 3-2。

表 3-1 2014—2021 年我国东、西部地区城镇化率

年份	东部地区城镇化率/%	西部地区城镇化率/%	东部与西部差距/%
2014	63.64	47.37	16.27
2015	64.75	48.74	16.01
2016	65.94	50.19	15.75
2017	66.96	51.65	15.31
2018	67.78	52.92	14.86
2019	68.50	54.09	14.41
2020	70.76	57.72	13.04
2021	71.56	58.25	13.31

数据来源：笔者根据历年《中国统计年鉴》整理计算。

表 3-2　2021 年西部 12 个省（自治区、直辖市）城镇化率

区域	年底常住人口 /万人	城镇人口 /万人	城镇化率 /%	城镇化率 在全国排位
重庆	3 212	2 259	70.32	8
内蒙古	2 400	1 637	68.21	10
陕西	725	479	63.63	15
宁夏	3 954	2 516	66.04	11
青海	594	362	61.02	20
四川	8 372	4 841	57.82	24
新疆	2 589	1 482	57.26	25
广西	5 037	2 774	55.08	27
云南	3 852	2 093	51.05	30
甘肃	2 490	1 328	53.33	29
贵州	4 690	2 394	54.33	28
西藏	366	134	36.61	31

数据来源：笔者根据《中国统计年鉴 2022》整理计算。

（二）农业转移人口市民化质量明显提升

2018 年，西部地区外出农民工省内流动比重首次超过 50%，此后这一比重总体不断上升。截至 2021 年底，西部地区外出农民工达 5 582 万人，其中，跨省流动 2 669 万人，省内流动 2 913 万人，分别占外出农民工总量的 47.8% 和 52.2%（见表 3-3）。西部地区各省（自治区、直辖市）为适应这一趋势，积极为农民进城就业、返乡创业提供政策支持。2021 年底，在西部地区就业的农民工有 6 280 万人，其月均收入 4 078 元，比上年增加 270 元，增长 7.1%[①]。此外，西部地区各省（自治区、直辖市）全面取消城区常住人口 300 万以下城市的落户限制，推动居住证制度全覆盖，进一步完善流动人口随迁子女接受义务教育的政策，通过新建公租房、保障性租赁住房等满足农业转移人口的住房需求，健全农业转移人口市民化奖励制度。以四川省为例，2012—2022 年，城镇落户 1 285 万人，保障随迁子女

---

① 《2021 年农民工监测调查报告》。

接受义务教育 594 万人次，省级财政下达市民化奖励资金累计 158 亿元①。

表 3-3　2013—2021 年西部地区外出农民工数量及构成情况

年份	外出农民工数量/万人	跨省流动		省内流动	
		数量/万人	比重/%	数量/万人	比重/%
2013	5 250	2 840	54.1	2 410	45.9
2014	5 353	2 887	53.9	2 466	46.1
2015	5 348	2 863	53.5	2 485	46.5
2016	5 350	2 794	52.2	2 556	47.8
2017	5 470	2 787	51.0	2 683	49.0
2018	5 502	2 727	49.6	2 775	50.4
2019	5 555	2 691	48.4	2 864	51.6
2020	5 490	2 557	46.6	2 933	53.4
2021	5 582	2 669	47.8	2 913	52.2

资料来源：历年《农民工监测调查报告》。

（三）城市群和都市圈的引领作用进一步显现

全国"19+2"城市群布局中涉及西部地区的有成渝、北部湾、关中平原、黔中、滇中、呼包鄂榆、兰西、天山北坡、宁夏沿黄 9 大城市群。2020 年底，西部地区这 9 大城市群经济总量超过 17 万亿元，常住人口达 2.8 亿人，分别占全国的 16.8% 和 20.1%，其中成渝、北部湾、关中平原三大城市群经济总量排在前三位，分别为 6.82 万亿元、2.19 万亿元和 2.14 万亿元，依次占全国经济总量的 6.72%、2.16% 和 2.11%。详见表 3-4。

表 3-4　2020 年西部地区 9 个城市群经济和人口总量情况

城市群	地方 GDP/亿元	地方 GDP 占全国 GDP 比重/%	常住人口/万人	常住人口占全国人口比重/%
成渝	68 230.22	6.72	10 277.43	7.33
关中平原	21 933.25	2.16	3 915.86	2.79
北部湾	21 448.26	2.11	4 407.13	3.14

---

① 杜江茜. 到 2025 年，四川常住人口城镇化率超 60% [N]. 华西都市报，2023-02-28（04）.

表3-4(续)

城市群	地方 GDP/亿元	地方 GDP 占全国GDP 比重/%	常住人口/万人	常住人口占全国人口比重/%
黔中	13 805.75	1.36	2 923.05	2.08
滇中	15 540.92	1.53	2 337.40	1.67
呼包鄂榆	13 211.36	1.30	1 195.01	0.85
兰西	6 430.29	0.63	1 572.66	1.12
天山北坡	7 010.09	0.69	898.21	0.64
宁夏沿黄	3 568.08	0.35	606.61	0.43
合计	930 642.80	91.60	115 535.70	82.40

资料来源：笔者根据《中国城市统计年鉴》整理得到。

自 2021 年以来我国陆续发布的 7 个都市圈发展规划中，西部地区占 3 个，分别是成都都市圈、重庆都市圈和西安都市圈。2022 年，成都都市圈、重庆都市圈、西安都市圈经济总量分别为 2.62 万亿元、2.24 万亿元和 1.45 万亿元，依次占到西部地区经济总量的 10.2%、8.56% 和 5.64%。详见表 3-5。

表 3-5　西部地区成都、重庆和西安三大都市圈发展情况

都市圈名称	面积/万平方千米	2020 年常住人口/万人	经济总量/万亿元		
			2020 年	2021 年	2022 年
成都都市圈	2.64	2 761	2.24	2.5	2.62
重庆都市圈	3.5	2 440	1.9	2.15	2.24
西安都市圈	2.06	1 802	1.3	1.36	1.45

资料来源：笔者根据三个都市圈发展规划及《四川统计年鉴》《重庆统计年鉴》《陕西统计年鉴》整理得到。

（四）城乡建设水平和人居环境明显提升

近年来，西部地区一些省（自治区、直辖市）在扩大城市建成区规模的同时，城市人口密度也随之同步上升，城市承载力明显提升。例如，2021 年，宁夏城市人口密度是 2014 年的 2.52 倍，而建成区面积仅为 2014 年的 1.12 倍；广西城市人口密度是 2014 年的 1.5 倍，而建成区面积仅为 2014 年的 1.4 倍。同时，城镇市政设施建设水平提高较快，如 2021 年城

市供水普及率、燃气普及率分别有 5 个省（自治区、直辖市）超过全国平均水平，其余省（自治区）也十分接近全国平均水平。县域内利用乡村振兴、县城补短板强弱项工作和城市更新等契机，推进城乡基础设施建设一体化和农村人居环境攻坚行动，乡村宜居宜业宜游水平大大提升。

（五）体制机制和政策创新深入推进

西部地区积极探索统筹城乡试验改革，不仅拥有成都、重庆两个国家级统筹城乡综合配套改革试验区，而且统筹城乡改革试验在不同区域梯次推进，并配合国家新型城镇化改革试点深入实施。在我国于 2019 年底公布的 11 个国家城乡融合发展试验区中，西部地区共有四川成都西部片区、重庆西部片区、陕西西咸接合片区 3 个。2022 年，共有 21 个县及县级市进入县城新型城镇化建设示范名单。

二、西部地区推进新型城镇化过程中存在的突出问题

（一）城镇化进程仍较滞后且内部发展不平衡

2021 年，四川、新疆、广西、贵州、甘肃、云南城镇化率虽然超过 50%，但相对仍较低，处于全国第 24 位、第 25 位、第 27~30 位之间。同时，西南 6 省（自治区、直辖市）和西北 6 省（自治区）发展也不平衡，除重庆市城镇化率最高外，处于相同位次的西北 6 省（自治区）城镇化率均高于西南 5 省（自治区）。

（二）农业转移人口市民化质量有待提升

进城农民的市民化意愿较低，大多是为了孩子接受教育或方便享受医疗等公共服务才落户在小城镇或其他城市。例如，据四川省 2014 年进城务工人员现状调查，表示"不愿意将户口转为城镇户口的"进城农民占调查总数的 56%，而且认为"农村户口比城镇户口更有优势"的占 51.6%。受国际金融危机影响，西部地区外出农民工开始回流到离家比较近的中小城市，他们大部分原先是在东部地区从事建筑行业，但房地产行业普遍不景气，再加上当地第三产业活力不强，返乡农民失业现象比较严重。进城农民向超大城市、特大城市、大城市和县城这两端集聚明显，使得超大城市、特大城市、大城市和县城基本公共服务供给能力与日益增长的外来人口需求不匹配，矛盾变得突出。

（三）城镇化发展的产业支撑不强

承接东部产业转移是西部地区产业发展的主要模式之一。近年，东部

沿海发达省份放慢了产业向西部地区转移的步伐,反而将更多产业转移到自己省内不发达地区,这无疑对推进西部地区新型城镇化过程中的产业发展带来了一定影响。另外,西部一些县市坚持招商引资与选资并重,也通过积极承接东部产业转移引进了一些较为高端产业,但当地劳动力文化水平、劳动技能较低而发展动力不足,城镇化发展的产业支撑较为薄弱。近年来,西部地区通过培育壮大特色产业、促进"三化"联动、产城融合和产村融合等,增强了新型城镇化发展的产业支撑能力,收到了很好的效果。但我们也了解到,对西部地区大部分的县镇来讲,产业支撑仍然很薄弱,不仅存在产业集聚水平低于人口集聚水平的矛盾,而且有些城镇也陷入了无论如何产业就是集聚不起来的"泥泞"中。西部地区一些县市充分挖掘返乡农民成功人士这一人力资源优势,着力提升服务,优化投资环境,加大回引力度,帮助返乡农民创业。但这其中也存在支持政策不配套的问题,如返乡农民创业融资难、园区配套建设不完善等。

(四)土地城镇化仍快于人口城镇化

2013—2021 年,西部地区城市建成区面积由 10 569 平方千米上升到 15 328.1 平方千米,年均增长 4.76 个百分点,高于全国城市建成区面积年均增长率 1.40 个百分点;城市城区人口由 7 531.53 万人增加到 9 895.54 万人,年均增长 3.47 个百分点,高于全国城市城区人口年均增长率 0.23 个百分点。同期,两者年均增长率相差 1.29 个百分点,而全国平均水平仅为 0.12 个百分点,可见西部地区土地城镇化快于人口城镇化问题更为突出。

(五)体制机制和政策创新仍有较大空间

2014—2021 年,西部地区城乡居民收入比虽然持续下降,但均高于全国水平,与东部地区的差距更大。2021 年底,仅有 6 个省(自治区、直辖市)城乡居民收入比不高于全国水平,最高的是甘肃省,达到了 3.17,接近 21 世纪初的全国水平。截至 2021 年底,西部地区城乡居民收入比为 2.6∶1。具体参见表 3-6、表 3-7、图 3-1、表 3-8。这说明西部地区城乡二元结构仍较明显,推进城乡融合发展的任务仍较艰巨。此外,西部地区新型城镇化投融资体制不畅,渠道十分狭窄,致使基础设施和公共服务设施建设水平仍较低。西部地区受城市行政管理体制制约也较大,设市进度缓慢,不利于带动区域经济发展。

表 3-6   2014—2021 年西部地区城乡居民收入变化情况

年份	城镇居民人均可支配收入/元		农村居民人均可支配收入/元		收入差距/元	城乡收入比
	收入/元	增速/%	收入/元	增速/%		
2014	24 391.00	7.40	8 295.00	21.38	16 096.00	2.94
2015	26 473.00	8.54	9 093.00	9.62	17 380.00	2.91
2016	28 609.70	8.07	9 918.40	9.08	18 691.30	2.87
2017	30 986.90	8.31	10 828.60	9.18	20 158.30	2.86
2018	33 388.60	7.75	11 831.40	9.26	21 557.20	2.86
2019	36 040.60	7.94	13 035.30	10.18	23 005.30	2.76
2020	37 548.10	4.18	14 110.80	8.25	23 437.30	2.66
2021	40 582.60	8.08	15 608.10	10.61	24 974.50	2.60

数据来源：历年《中国统计年鉴》。

表 3-7   2014—2021 年西部地区城乡居民收入比情况

年份	东部地区	西部地区	全国
2013	2.69	3.32	3.03
2014	2.58	2.94	2.75
2015	2.57	2.91	2.73
2016	2.45	2.87	2.72
2017	2.36	2.86	2.71
2018	2.44	2.86	2.71
2019	2.51	2.76	2.64
2020	2.44	2.66	2.56
2021	2.39	2.60	2.50

数据来源：历年《中国统计年鉴》。

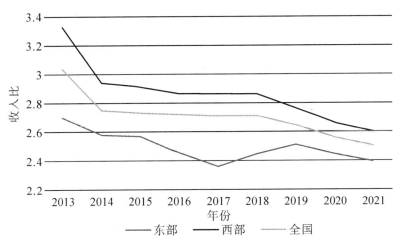

图 3-1　2013—2021 年全国、东部地区、西部地区城乡居民收入比

表 3-8　2021 年西部地区各省（自治区、直辖市）城乡居民收入比

区域	城镇居民人均 可支配收入/元	农村居民人均 可支配收入/元	收入差距 /元	城乡收入比
重庆	43 502.50	18 099.60	25 402.90	2.40
内蒙古	44 376.90	18 336.80	26 040.10	2.42
陕西	40 713.10	14 744.80	25 968.30	2.76
宁夏	38 290.70	15 336.60	22 954.10	2.50
青海	37 745.30	13 604.20	24 141.10	2.77
四川	41 443.80	17 575.30	23 868.50	2.36
新疆	37 642.40	15 575.30	22 067.10	2.42
广西	38 529.90	16 362.90	22 167.00	2.35
云南	40 904.90	14 197.30	26 707.60	2.88
甘肃	36 187.30	11 432.80	24 754.50	3.17
贵州	39 211.20	12 856.10	26 355.10	3.05
西藏	46 503.30	16 932.30	29 571.00	2.75

第三节　西部地区推进新型城镇化过程中的体制和政策问题及其产生根源

在对全国进行分析的基础上，我们开始探究西部地区在加快城镇化过程中的体制和政策问题及其产生根源，即在全国城镇化过程中的体制和政策问题的一般性特征及作用机理的基础上，重点突出西部地区新型城镇化过程中的体制和政策问题的特殊性。

一、西部地区推进新型城镇化过程中的体制和政策问题

（一）城乡二元结构体制和政策方面

1. 主要成效

（1）城乡土地制度改革稳步推进。按照国家试点改革部署要求，西部地区稳步推进城乡土地制度改革试验，也创造了一些宝贵的经验。西部各省（自治区、直辖市）都扎实推进农村集体产权制度改革，2021年底与全国一道如期完成改革阶段性任务，为乡村振兴战略的深入实施提供了强劲支撑。贵州省安顺市推进农村土地承包经营权、林权、集体土地所有权、集体建设用地使用权、房屋所有权、小型水利工程产权、农地集体财产权"七权"同确[1]。在促进农村产权交易流转方面，陕西省西安市高陵区在网络平台上交易土地承包经营权，实现信息发布、交易鉴证、价值评估等12个环节"一厅式"办理[2]。在自愿有偿退出宅基地方面，四川省泸州市泸县允许村民在县域内跨区申请宅基地，并以竞价等方式有偿取得，已有550个农户跨区取得宅基地，跨区有偿使用费达到1300多万元；新疆维吾尔自治区伊犁哈萨克自治州伊宁市初次分配宅基地实行成本价取得，成本由村集体依据占用农民承包地的补偿费用自行确定[3]。在集体经营性建设用地入市方面，贵州省湄潭县率先在西部地区"破冰"。

---

[1]　参见《国家发展改革委办公厅关于印发第一批国家新型城镇化综合试点经验的通知》（发改办规划〔2018〕496号）。

[2]　参见《国家发展改革委办公厅关于印发第一批国家新型城镇化综合试点经验的通知》（发改办规划〔2018〕496号）。

[3]　参见《国家发展改革委办公厅关于印发第一批国家新型城镇化综合试点经验的通知》（发改办规划〔2018〕496号）。

（2）户籍制度改革进一步深入。除省会外，西部地区基本实现了无障碍落户。一些城市持续降低落户门槛，并对不同区域实施差异化落户政策，如重庆市不设落户指标控制、不搞积分排队，外来人口达到一定就业年限（最长5年）即可直接办理落户，主城区、郊区、新区落户条件分别为就业年限满5年、3年、2年[①]。一些超大城市、特大城市探索了大学生零门槛落户，如西安市允许全国在校大学生仅凭学生证和身份证即可完成在线落户，成都市将大学生落户年龄限制从35周岁分别放宽到45周岁[②]。允许租赁房屋的常住人口在城市公共户口落户，四川省泸州市、云南省曲靖市设立城市公共集体户口，解决有落户意愿但无住所人群的落户问题[③]。

（3）农村金融产品和服务不断创新。为缓解农村融资难、融资贵问题，近年西部地区在农村金融产品和服务创新上持续发力，尤其是在农村产权抵押贷款探索上迈出了坚实步伐。例如，贵州省湄潭市在推行乡村信用评级基础上为农户提供小额信用贷款，并科学设计农村资产抵押贷款程序，开展集体经营性建设用地使用权、农民房屋财产权抵押融资以及承包地经营权、集体资产股权等担保融资[④]；四川省崇州市发展"农贷通2.0版"，推进农业生产设施设备和农作物等9类农村资产抵押融资，发放贷款约28亿元[⑤]。另外，随着农业、农村的对外开放和统筹城乡发展的推进，一些获得银行融资的工商资本、城市资本加快了进入农村、农业的步伐，一些被抽出的资金实际上又回到了农村，西部地区农村资金外流的情况有所扭转。

（4）城乡基本公共服务提供和基础设施建设水平大幅提升。根据全国户籍制度改革的大趋势，西部地区各省（自治区、直辖市）也都建立了以居住证为载体的城镇基本公共服务提供机制，重点解决农业转移人口在随迁子女就学、住房、职业技能提升等方面的需求。例如，成都市组建义务

<hr>

① 参见《国家发展改革委办公厅关于印发第一批国家新型城镇化综合试点经验的通知》（发改办规划〔2018〕496号）。

② 参见《国家发展改革委办公厅关于印发第一批国家新型城镇化综合试点经验的通知》（发改办规划〔2018〕496号）。

③ 参见《国家发展改革委办公厅关于印发第一批国家新型城镇化综合试点经验的通知》（发改办规划〔2018〕496号）。

④ 参见《国家发展改革委办公厅关于推广第二批国家新型城镇化综合试点等地区经验的通知》（发改办规划〔2019〕727号）。

⑤ 参见《国家发展改革委办公厅关于推广第三批国家新型城镇化综合试点等地区经验的通知》（发改办规划〔2021〕668号）。

教育阶段名校集团，统筹协调集团内部资源，大幅增加学位供给①；贵州省清镇市建成职业教育城，加强对农业转移人口等人员的职业教育和职业技能培训，每年毕业生达 3 万余人②。同时，西部地区借助国家精准扶贫、乡村振兴等机遇，加大相关投入，探索城镇公共服务和基础设施向乡村延伸以及县域内县城、一般建制镇、乡村统筹机制，促进城乡公共服务和基础设施一体化。例如，四川省达州市建设城乡物流配送信息平台和专线网络，促进快速消费品、建材家居、农副产品、农资等城乡互通；宁夏回族自治区盐池县推进城乡供水一体化建设，农村自来水集中供水率和水质达标率均达 100%③。

2. 存在的突出问题

（1）在城乡土地制度方面，当前无论是农村集体经营性建设用地入市、宅基地制度改革还是征地制度改革，东部沿海城市经济带农村地区最为急迫，主要是为了解决其土地利用上的先行劣势造成的历史遗留问题④。总体来看，西部地区农村集体经营性建设用地数量少，不存在急迫地通过市场来流转农村集体经营性建设用地的诉求；宅基地作为农民的一项基本福利和基本社会保障，既没有市场化也缺少市场化的条件；农民获得的补偿不菲以及征地过程中所产生的冲突有限且可控，说明土地征收是保障了农民利益的。因此，"三块地"改革对西部地区而言并不紧迫，换言之，现行制度是大体适用的。作为全国土地资源主要富集地区之一，西部地区应将城乡土地制度改革的重点放在农村土地产权明晰、农村土地经营权有效流转等方面，从而赋予农民充分的土地财产权利，保障土地资源得到最有效最集约利用。

（2）在城乡户籍制度方面，在当前改革权限下放给地方政府的背景下，西部地区户籍制度改革与东部地区存在差异，主要表现在：对于西部地区的省会城市而言，户口背后的经济利益要远远低于东部地区省会城

---

① 参见《国家发展改革委办公厅关于印发第一批国家新型城镇化综合试点经验的通知》（发改办规划〔2018〕496 号）。

② 参见《国家发展改革委办公厅关于推广第三批国家新型城镇化综合试点等地区经验的通知》（发改办规划〔2021〕668 号）。

③ 参见《国家发展改革委办公厅关于推广第三批国家新型城镇化综合试点等地区经验的通知》（发改办规划〔2021〕668 号）。

④ 贺雪峰. 现行土地制度与中国不同地区土地制度的差异化实践 [J]. 江苏社会科学，2018（5）：21-30，273.

市，再加之当前外出农民工转移已经转变为以省内为主，推进"一元户籍"的改革并不会全面冲击这些城市，改革的阻力和成本虽有上升但仍相对要小，且收益明显。对于东部城市而言，户口背后的经济利益过高，而外出农民工转移在东部地区仍占有较大比重，抚平农民工与城镇户籍人口的利益差距将会加重财政负担，甚至会降低原有福利待遇，这会引发城镇户籍人口的强烈反对，改革的阻力明显且成本突出。正是在这样的利益权衡与博弈之下，东部地区的户籍制度改革要明显落后于西部地区的户籍制度改革。

（3）在城乡金融制度方面，西部地区大部分农村地区仍以农业种植为主，具有较大的自然风险，金融机构出于规避风险、降低成本等考虑，对农村融资对象往往表现出较大的选择性。另外，基于银行类金融机构垂直管理体制和政府政策的权威性，西部地区很难根据当地的实际情况进行农村金融产品和服务的创新。国家对农村金融改革往往采取"一刀切"方式，对区域差异性考虑较少，而且对农村金融改革表现出审慎的态度。因此，西部地区农村地区融资难、融资贵问题更为突出。

（4）在城乡基本公共服务提供和基础设施建设方面，由于财政体制、自身经济发展基础与自我积累能力等不同，西部地区不少农村基本公共服务设施欠缺，农村基本公共设施建设尚存在很大缺口，城镇的基本公共服务设施亟待向农村延伸。相比之下，东部地区农村工业发达，自我积累和发展能力较强，农村基本公共服务设施和基础设施建设基本完善，重点在于提升其档次和水平。在现行财政体制下，西部地区仍是农民工主要输出地之一，推进农民市民化的压力小于部分东部地区。但随着西部地区外出农民工省内转移趋势的进一步加强，一些省内农民工流入地的大中城市面临着较大的城镇基本公共服务提供支出压力，而财政转移支付制度尚不完善，流入地得不到输出地的财政转移支付，因而对推进农民市民化的积极性并不高。

（二）城镇行政管理体制方面

自 2017 年国家解冻县改市政策后，2017—2021 年西部地区分别有 3 个、5 个、5 个、2 个和 6 个县通过审批成功撤县改市。西部地区城市数量较少，近年国家启动的县改市政策也有意向西部地区倾斜，西部地区也由此得到了增加城市数量的机遇。总体来讲，西部地区城市的数量还是相对较少，城镇行政区划设置滞后于人口的空间分布趋势。此外，新增市辖区多为混合型和飞地型市辖区。这种设置方式淡化了城市实体的理念，导致城市开发边界过度放大，城镇建设用地集约化程度和城镇建成区人口密度不高，不利于城市的集约集聚发展。

（三）领导干部政绩考核体制方面

调研表明，尽管西部地区领导干部努力以科学发展观为指导，加强树立正确的政绩观，但在实践中偏重 GDP 增长的政绩观转变更为困难，比东部地区表现得更为突出。其主要表现在：一是偏重 GDP 增长的领导干部政绩考核体制难以转变，GDP 增长目标制定层层加码甚至不切实际。西部地区多数为欠发达地区，实现经济赶超与跨越发展仍然是地方领导干部肩负的重任。下级地方政府向上一级地方政府上报地方 GDP 增长数据时，因为上一级政府也在追求较高的发展目标，地方 GDP 增长数据报低了反倒会被上级部门批评甚至斥责，反倒是报告的数据比较"高大上"更能顺利过关。我们在调查中也发现，有些县市还制定了每年农转非人员数量这一城镇化推进目标，虽然这一目标的考核不是那么严格，任务量也不是很大（每年几百人），但年年都会下达，在当前城镇户籍相对于农村户籍并不是那么具有吸引力的条件下，这一指标的完成也有难度。二是全力集中资源打造亮点工程、政绩工程。由于地方财力有限，西部地区大多数地方领导干部更热衷于集中资源打造城镇化亮点工程，比如积极争取城镇化投资项目，不断扩大中心城市规模，或者规划建设城市新区，或者推进房地产式的城镇化，这些都增加了未来城镇化的潜在风险。三是政绩考核实施效果并不如人意。目前领导干部政绩考核一般是由上级政府组织实施，考核的专业性、独立性和权威性都不够，加之城镇化质量考核指标没有公认标准，同时实际工作推进存在部门之间相互推诿、观望不配合的现象，而考核中又缺乏相应的问责和惩处机制，这些都导致了领导干部城镇化政绩考核实施效果并不如人意。

（四）城镇化投融资体制方面

西部地区新型城镇化的推进同样面临大量资金投入缺口，同时依靠土地财政也形成了一定的政府债务。为此，西部地区一些省（自治区、直辖市）积极开辟城镇化投融资渠道，并重视化解地方政府债务风险，缓解了城镇化的资金需求。例如，在设立城镇化政府引导基金方面，广西壮族自治区柳州市财政出资 4 亿元设立政府投资引导基金，带动金融机构和社会资本超过 50 亿元①。在防范和化解地方政府债务风险方面，广西壮族自治区柳州市建立债务风险识别预警机制，严格实行债务限额管理；贵州省黔南布依族苗族自治州都匀市制定了与还债能力和可用财力增量相适应的政府举债规划，设立偿债准备金，通过核销、PPP（公私合作项目）化解、剥离等方式降低政府债务余额②。

尽管西部地区采取了一些市场化的城镇化融资机制（如 BOT 即建设—经营—转让模式、BT 即建设—移交模式等），但目前规模仍较小且局限在城镇道路建设和污水、垃圾处理等领域。PPP 模式作为政府融资模式和公共财政管理模式的重大创新，虽然受到理论界的热捧，但大多数县镇却仍持观望态度，具体实践操作存在疑惑和实际困难。大中型商业银行也因城镇化过程中基础设施建设资金需求具有规模大、周期长、收益不高的特征而不愿涉足。从调研的情况来看，由于自身财力有限，地方政府大多将土地财政作为解决城镇化融资问题的重要甚至唯一途径，并凭借政府信用从银行贷款，最后再通过财政资金来偿还银行贷款。国务院《关于加强地方政府性债务管理的意见》（国发〔2014〕43 号）加强了对地方政府融资的约束，地方政府基本上无法利用发债等资本市场，只能依靠单一的银行贷款。为了推进城镇化建设，地方政府仍抑制不了大规模举债的冲动，随着还款期的陆续集中到来，过度举债问题突出。

二、西部地区推进新型城镇化过程中体制和政策难题产生的根源

我国城镇化进程中城乡二元结构体制和政策难题的形成有着深刻的根源。一方面，城乡二元结构体制和政策的实施是由当时的历史条件决定的，即是当时经济与社会发展决策者考虑了所有的约束条件后的制度选择。从这个意义上讲，一方面，城乡二元结构体制和政策具有积极作用的一面，不能因我们当前制度选择的约束条件已发生很大变化而否定它；另一方面，地方政府追求规模和政绩工程的冲动，进一步强化了大城市的集聚功能，抑制了其辐射带动作用，这又是城镇化进程中城乡二元结构体制和政策难题形成的主观原因。越是欠发达地区（如西部地区），城乡二元结构体制和政策缺陷表现得越明显、越突出，对城镇化的阻碍作用越大。

---

① 参见《国家发展改革委办公厅关于印发第一批国家新型城镇化综合试点经验的通知》（发改办规划〔2018〕496 号）。

② 参见《国家发展改革委办公厅关于印发第一批国家新型城镇化综合试点经验的通知》（发改办规划〔2018〕496 号）。

第四章 成都市推进新型城镇化过程中体制和政策探索创新研究

  成都市是我国西部地区最为发达的国家中心城市之一。改革开放以来，成都市经济与社会及城镇化发展都取得了显著成绩。然而，和全国许多大中城市一样，成都市具有大城市带大郊区的市情，城乡二元结构较为明显，城乡发展不协调造成城镇化发展动力不足，也制约了"三农"问题的有效解决，并直接影响了经济增长潜力的释放。为此，从 2003 年开始，成都市转变传统城镇化发展理念，坚持以人为本，着重发挥市场在资源配置中的决定性作用，以破解城乡二元结构体制和政策难题、解决"三农"问题为出发点，到党的十八大召开之前，初步走出了一条统筹城乡发展的新型城镇化道路。党的十八大召开以来，我国经济与社会发展进入新时代。成都市认真领会、贯彻高质量发展要求，积极思考更好融入新发展格局的路径，继续在新型城镇化体制和政策创新的深水区挺进，深入完善城乡融合发展的新型城镇化道路。成都城乡融合发展中的新型城镇化试验改革探索实践对我国西部地区乃至全国其他广大区域都具有积极的重要的借鉴和启示作用。

第一节 成都市推进新型城镇化过程中体制和政策探索创新的主要阶段

  实施城乡融合试验改革、探索城乡协调发展的新型城镇化道路，不仅是成都市贯彻中央、四川省科学发展观的自觉行动，也是成都市立足自身基本市情特征，探寻城镇化发展新动力、释放城乡内需和自身经济转型发展改革红利的理性现实选择。成都市的改革探索最初从 2003 年开始，目前已走过了 20 多个年头，获批国家统筹城乡综合配套改革试验区后运行了约 12 年，获批国家城乡融合发展试验区后运行 3 年多。成都市的改革试验不是一蹴而就的，先后经历了统筹城乡发展、城乡融合发展这两个新型城镇化体制和政策探索创新阶段并取得了显著成效，其中前一个阶段都涵盖了国家统筹城乡综合配套改革试验区建设过程，后一个阶段正在经历国家城乡融合发展试验区建设实践。发展是第一要务，发展中的问题也只能通过发展来解决。这两个阶段依次互为因果，在时间上不断继起，推动成都市新型城镇化的体制和政策探索创新不断深入发展。

一、成都市统筹城乡发展中新型城镇化体制和政策探索创新阶段（2002—2016 年）

（一）成都市基本市情

成都市为四川省省会、国家中心城市之一、全国副省级城市、超大城市、成渝地区双城经济圈双核之一和国家历史文化名城。成都市地处四川省中部、四川盆地西部、成都平原东部和长江上游。2021 年，成都市下辖 12 个市辖区、3 个县、代管 5 个县级市，总面积 14 335 平方千米，常住人口 2 119.2 万人，是我国第 4 个常住人口突破 2 000 万人的城市，其中城区常住人口超过 1 000 万人①。成都市自古就被誉为"天府之国"，农业、商贸发展条件十分优越，实行改革开放以来，全市经济发展更是日新月异。截至 2021 年底，成都市地方生产总值达到 19 917 亿元，居全国城市第 7 位、副省级城市第 3 位；人均地方生产总值为 94 622 元，超过 1.4 万美元，达到全球中等收入地区水平；财政实力持续壮大，一般公共预算收入增长至 1 697.9 亿元；内需引擎拉动有力，社会消费品零售总额 9 251.8 亿元，是 2012 年的 2.4 倍，居副省级城市第 3 位，2013—2021 年年均增速 9.8%，居副省级城市首位②。

---

① 成都市统计局. 十年砥砺荡开格局 新程奋进铸见真章：十八大以来成都经济社会发展综述［EB/OL］. http://cdstats. chengdu. gov. cn/cdstjj/c154785/2022 - 10/13/content _ 0d183088c4aa4 d85a2647b38af03730b.shtml.
② 成都市统计局. 十年砥砺荡开格局 新程奋进铸见真章：十八大以来成都经济社会发展综述［EB/OL］. http://cdstats. chengdu. gov. cn/cdstjj/c154785/2022 - 10/13/content _ 0d183088c4aa4 d85a2647b38af03730b.shtml.

（二）成都市探索统筹城乡发展的新型城镇化道路的基本动因

1. 成都市探索改革的必要性

成都得天独厚的自然条件、商业发展基础以及新中国成立后工业体系的建立都为城镇化发展奠定了基础。改革开放以来，地市合并、城市综合体制改革、基础设施建设、产业结构调整和环境综合整治等，不仅极大地促进了城市发展和城镇化进程，而且也使成都市空间结构优化、城市辐射能力增强，城市功能由单一的工业城市向综合性城市转化。1978—2002年，以非农人口占总人口比重衡量，成都市城镇化率由 22.3% 上升到 35.6%，年均提升 0.55 个百分点，并于 1994 年进入城镇化加速发展的中期阶段。市区建成区面积由 40.2 平方千米扩展到 290.4 平方千米，年均增幅 8.6%；非农业人口也由 179.5 万人扩大到 365.7 万人，年均增幅 3%①。

成都市在长期探索科学发展的过程中，越发意识到工业化、城镇化是经济与社会迈向现代化不可逾越的必经阶段，即要实现经济与社会跨越式发展，就必须发挥工业化、城镇化的引领作用。成都市实施"两化"（工业化、城镇化）互动战略首先就遭遇了城乡二元结构问题，城乡二元结构及其背后真正发生作用的城乡二元结构体制和政策是全市推进"两化"互动的最大障碍。此外，成都市已经意识到不断推动农业剩余劳动力转移、推动进城务工农民市民化是扩大成都大都市的市场容量、发挥消费对城市经济的拉动作用、促进西部大开发可持续推进的重要路径，而探索这一路径就必须实施统筹城乡发展的城镇化战略。成都市探索统筹城乡发展的新型城镇化道路主要基于以下考虑抉择：

（1）城乡发展差距较大。成都市具有典型的大城市带大郊区特征，2002 年，农业人口占总人口的 64.4%。农业人口不仅数量大，而且收入水平低，城乡二元结构十分显著。从横向来看，2002 年，成都市城镇居民人均可支配收入、农民人均纯收入分别位于全国 15 个副省级城市的第 8 位和第 10 位；城乡收入比为 2.66，处于全国 15 个副省级城市第 13 位，仅低于济南和西安。从纵向来看，1978 年以来，成都市城乡居民收入比有所波动，均低于全省同期平均水平，个别年份甚至高于全国平均水平。2002年，全市城乡收入比为 2.66，虽然低于全省和全国平均水平，但也处于历

---

① 《成都统计年鉴2008》。

史较高水平。具体参见表4-1。另外，从区域发展来看，2002年，成都市主城区的城镇化率已达到85%，而近郊区、远郊区的城镇化率分别只有24.6%和16.8%。主城区和县城发展相对较快，而县以下乡镇发展迟缓，大多数只是一定区域的行政中心，基本不具备产业集聚和人口集中的条件，吸纳农村人口的数量非常有限。破除城乡二元结构，尤其是打破城乡二元结构，必须坚持城乡一体化理念，突出城镇化发展主线，在加快经济发展的同时实现城乡共同繁荣。

表4-1　1978—2002年成都市城乡居民收入差距变化

变量名称	区域	1978年	1980年	1985年	1990年	1995年	2000年	2001年	2002年
城镇居民人均可支配收入/元	全国	343.4	477.6	739.1	1 510.2	4 283	6 280	6 859.6	7 702.8
	全省	338	391	695	1 490	4 003	5 894	6 360	6 611
	成都	340	395	853	1 755	4 907	7 649	8 182	8 972
农民人均纯收入/元	全国	133.6	191.3	397.6	686.3	1 578	2 253	2 366.4	2 475.6
	全省	127	188	315	558	1 158	1 904	1 987	2 108
	成都	140	223	413	773	1 649	3 016	3 178	3 377
城乡居民收入比	全国	2.57	2.5	1.86	2.2	2.71	2.79	2.9	3.11
	全省	2.66	2.08	2.21	2.67	3.46	3.1	3.2	3.14
	成都	2.43	1.77	2.07	2.27	2.98	2.54	2.57	2.66

资料来源：《新中国60年统计资料汇编》和历年《成都统计年鉴》。

（2）工业化水平不高。新中国成立后，工业重新布局、"三线建设"等奠定了成都市工业城市的地位，电子工业不断发展壮大并在全国占据一定地位，但成都市的工业化进程不快且水平也不高。2002年，全市工业增加值占地方GDP的比重仅为28.5%，工业布局比较分散，资源环境消耗大，与城镇化联系不紧密，没有形成集约集聚发展的态势，同时特色不突出，竞争力不强。加速城镇化进程势必要做强工业化这一动力源泉，而推进工业化就要贯彻城乡一体化的理念，统筹利用城乡资源，以重大项目为载体，促进县域工业合理布局和集约集聚发展，提升工业产业竞争力。

（3）农民增收困难。改革开放以来，成都市农村经济与社会发展面貌变化很大，农民人均纯收入不断增加，大大高于同期全省和全国平均水平。即便如此，农民增收仍十分困难，农民收入增幅总赶不上城镇居民收入增幅，造成城乡居民收入差距不断拉大。究其原因，制约农民增收的根本原因在于人多地少，人地矛盾突出。成都市虽然地处平原地带，但 1.2 万平方千米的辖区面积中只有 40.1% 是平原，这其中还有相当部分是要永久保留、永续利用的土地。2002 年，成都市农民人均耕地只有 0.86 亩，靠发展传统农业实现农民增收目标几乎不可能。农村又是成都市实现跨越发展的潜力所在。成都市中心城区以外的 14 个区（市、县），人口、土地面积分别占全市的 70% 和 99%，资源优势要比主城区明显得多，发展空间也更为广阔。因此，要从根本上解决这一问题，我们必须克服以"农"谈"农"的思维局限，要立足现有好的基础，大力实施统筹城乡发展战略，促进农地规模经营并加快农业转移人口市民化步伐，真正切实有效地提高农民收入水平。

（4）原有发展模式难以为继。党的十六大报告提出"西部地区要进一步解放思想，增强自我发展的能力，在改革开放中走出一条加快发展的新路"[①]。成都市如何在西部大开发中走出一条新路，一直是成都市委和市政府积极探索的问题。西部大开发和东部地区改革开放之初的宏观条件发生了很大变化。东部地区在 20 世纪 80~90 年代，虽然抓住了发展乡镇企业、加快农业人口转移的历史机遇，但也带来了产业结构雷同、资源消耗大、环境破坏严重等教训。包括成都市在内的很多城市和区域再也不能也不应该重走东部地区曾经走过的"村村点火，户户冒烟"的发展道路，而必须探索可持续发展的新道路。另外，放眼整个西部地区，以成都为中心的广大地区不仅具有资源优势、产业优势和科技优势，还具备现实和潜在的市场优势。成都有 1 000 多万人口，以农民为主体的市场潜力更大。怎样激活这个潜在的市场，拉动经济和社会事业快速发展？为此，必须探索统筹城乡经济与社会发展的道路，加快城乡一体化的进程，这样或许可以较好地解决这一问题。

2. 成都市探索改革的可行性

成都市实施统筹城乡发展的新型城镇化道路具有良好基础和现实条件，因而具备可行性。

---

① 中央政府门户网站. 江泽民在中国共产党第十六次全国代表大会上的报告 [EB/OL]. http://www.gov.cn/test/2008-08/01/content_1061490.htm.

（1）经济实力较强。"两个趋向"①的论断表明，工业反哺农业、城市带动农村是工业化发展到一定程度后的普遍趋向。成都市虽然地处西部内陆省份四川，但属于不发达地区中的发达地区，其经济总量占到全国的1.6%、四川省的30%多，西部12省（自治区、直辖市）的10%，财政收入占全省的比重接近50%。特别值得一提的是，成都市的县域经济发展在西部地区是最好的，甚至在某些方面并不落后于东部地区。2002年，全市19个区（县）市中有6个进入全省十强县，有18个进入西部百强县，有1个进入全国百强县。

（2）进行改革探索突破的条件较好。成都市地处成都平原，具有大规模集聚资源要素的先天优势，相对于丘陵和山区，农村基础设施完善、公共服务的提供成本较低。基于大城市带大郊区的市情，近郊区在要素流动、资源配置、产品交换等方面能迅速对市场做出反应，有利于城镇化的扩散效应发挥作用。此外，成都优越的区位条件，也有利于统筹城乡试验探索经验在西南乃至整个西部地区扩散。人的因素是改革探索中最关键的能动性要素。四川省是"改革之乡"，具有"敢为天下先"的创新精神。改革开放以来的发展成就已经激发了成都市干部和群众在全省、在西部、在15个副省级城市乃至全国脱颖而出的斗志与精神。因此，成都进行统筹城乡试验改革具有牢靠的干部和群众基础。

（3）党的十六大要求统筹城乡发展。面对城乡差距突出的现实以及要素在城乡之间自由流动的强烈诉求，成都市显然面临着两个基本考虑：一是继续在原有的城乡二元结构体制格局下，倾农业、农村全部资源之力，将发展重点和精力全部放在城市身上，实现城市现代化。但这种做法只会使城乡矛盾越来越尖锐，城乡关系越来越恶化，最终陷入城市发展乏力、农村凋敝的困境之中。二是打破现有的城乡二元结构体制，允许要素在城乡之间自由双向流动，加快城镇化的同时着力解决好"三农"问题，最终实现城乡一体、全体人民共享发展成果的城镇化。这种做法无疑顺应了城乡关系演进规律，也才能在实践中使城镇化发展具有可持续性。党的十六大报告明确指出，统筹城乡经济与社会发展，建设现代农业，发展农村经

---

① 一些工业化国家发展的历程表明，在工业化的初始阶段，农业支持工业、为工业提供积累是带有普遍性的趋向；但在工业化达到相当程度以后，工业反哺农业、城市支持农村，实现工业与农业、城市与农村协调发展，也是带有普遍性的趋向。

济，增加农民收入，是全面建设小康社会的重大任务①。这就更加坚定了成都市选择第二种思路的信念，也为它启动统筹城乡的前期自费试验改革提供了可靠的政策依据。

（三）成都市这一阶段探索创新的主要进展

以统筹城乡试验改革为主线，从进入 21 世纪到党的十八大召开之前，成都市推进新型城镇化经历了自主实践、进一步改革探索两个发展阶段。

1. 成都市推进新型城镇化的自主实践阶段（2003—2007 年）

在这一阶段，成都市立足于全城范围，大力推进"三个集中"，引导要素集中集聚并重新配置，即在具备条件的地区，积极推进工业向集中发展区集中，促进工业集中、集群、集约发展；引导农民向城镇和新型社区集中，促进农民生产与生活方式转变；推动土地向适度规模经营集中，提高农业产业化发展水平。随着改革试验的逐步深入，成都市不断提升"三个集中"水平，但同时越来越触碰到城乡二元结构体制的底线，越发感受到城乡二元结构体制对新型城镇化推进的明显束缚。为此，成都市启动了城乡规划、产业、市场、公共服务、基础设施和管理一体化体制机制建设，初步构建了城乡一体的制度框架。正因为前期进行了卓有成效的探索，成都市于 2007 年 6 月 7 日获批国家统筹城乡综合配套改革试验区。

2. 成都市推进新型城镇化的进一步改革探索阶段（2008—2016 年）

在这一阶段，成都市在国家统筹城乡综合配套改革试验区框架下，全面探索城乡一体的体制和政策安排。成都市统筹城乡改革试验直面"三农"问题，按照中央政策要求，力争"多予、少取、放活"，但在做到"多予""少取"的同时，"放活"方面却滞后了。于是，从 2008 年 1 月开始，成都市启动建设"农村四大基础工程"，即农村产权制度改革、村级公共服务和社会管理改革、农村土地综合整治和农村新型基层治理机制，为未来的新型城镇化体制和政策创新奠定最为重要的制度基础。

党的十八大报告正式提出推进以人为本的新型城镇化战略，并确立了决胜全面建成小康社会宏伟目标，要求推动"城乡发展一体化"以破解"三农"难题，形成以工促农、以城带乡、工农互惠、城乡一体的新型工农、城乡关系。党的十八届三中全会提出城乡二元结构是制约城乡发展一体化的重要桎梏，强调要建立健全城乡一体化发展机制，主张新型城镇化

---

① 中央政府门户网站. 江泽民在中国共产党第十六次全国代表大会上的报告 [EB/OL]. http://www.gov.cn/test/2008-08/01/content_1061490.htm.

和新农村建设双轮驱动。党的十八大召开后，成都市在已经搭建起的一整套破解城乡二元结构难题的制度框架与体系内，开始全面集成推进城乡发展一体化的新型城镇化体制和政策。具体包括城乡生产要素自由流动、城乡产业发展、城乡基本公共服务均衡配置、城乡新型社会治理机制探索等，并开展统筹城乡综合改革示范片、示范镇等建设，集成推广改革已有经验，发挥先行先试、典型引路的示范效应。

二、成都市城乡融合发展中新型城镇化体制和政策试验改革阶段（2017 年至今）

（一）成都市探索城乡融合发展的新型城镇化道路的基本动因

1. 成都市试验改革探索的必要性

（1）乡村发展内生动力有待激发。相对于沿海等城镇化发展遥遥领先的同等规模城市，成都市在城镇化发展中虽然极早地反思了城乡分割模式，避免了"城市病"流行、农村进一步凋敝的困局，但本质上还是以城带乡模式，即依靠城市的辐射带动作用，而乡村很多时候只是被动地接受，自身内生发展动力不足。换言之，乡村作为和城市同等重要的人类经济与社会活动空间，其多元价值的进一步挖掘需要新的表达载体或实现手段。尤其是对当时还是特大城市的成都市来讲，面对广阔的市场空间、饱满的需求和优越的禀赋，对乡村产业的高附加值、美丽宜居乡村环境等更有必要予以最大限度地提升。

（2）改革的可持续性受到考验。探索统筹城乡发展需要巨大的资金投入，前期成都市主要依靠自身较为雄厚的财政实力，包括政府土地出让收入。我国经济已经进入新常态，在经济增速放缓、土地市场不景气的情况下，经济发展的风险加大，政府主导模式面临财政困难和金融风险，统筹城乡发展的新型城镇化道路探索的可持续性受到考验。从城乡二元结构体制的形成来看，"解铃还须系铃人"，政府主导在前期改革探索中十分有必要。随着制度框架的有效搭建，市场的作用空间应大大放宽甚至在某些领域占据主导地位。另外，受制于土地管理法、物权法、担保法等相关法律的限制，成都市农村产权改革成果应用尚处于"无法可依"的尴尬境地。

（3）区域协调发展需要成都市发挥国家中心城市的作用。党的十八大正式确立了决胜全面建成小康社会宏伟目标，成都市作为国家中心城市之一，需要在更大范围内集聚资源的同时发挥好辐射带动作用，将前期改革探索经验在成渝城市群、成渝经济区等推广，否则有可能在区域内形成新的二元结构。此外，虽然成都市在为农村人口、外来务工人员提供基本公共服务方面取得了巨大成绩，但基本公共服务的提供仍存在门槛，对非本市外来人口而言门槛更为明显。下一步应进一步坚持以人为本理念，结合国家财政体制改革动向，扩大对非本市外来人口基本公共服务的覆盖面，并尽最大努力保障他们享受城镇优质教育、医疗资源的权利和水平。

2. 成都市试验改革探索的可行性

（1）党的十九大报告提出实施乡村振兴战略。从国际视野来看，工业化、城镇化进程伴随着乡村的衰落具有普遍性。党的十九大报告提出实施乡村振兴战略，并要求健全和完善城乡融合发展的体制机制和政策体系。毋庸置疑，城乡融合发展是实施乡村振兴战略、促进新型城镇化高质量发展的目标，同时也是路径。这为新时代成都市探索城乡融合发展的新型城镇化道路提供了政策遵循和依据。

（2）前期改革探索积累了宝贵经验。成都市前期改革探索的一些经验已在全国进行推广，说明在一些领域已经"破冰"或者取得了实质性的进展。在国家实施精准扶贫战略、全面建成小康社会的过程中，成都市需要解决的是相对贫困问题，即成都市乡村振兴、推进新型城镇化是实现高水平城乡融合发展的问题。

（3）有条件为区域发展发挥示范带动作用。作为国家中心城市之一，成都市在强大的集聚效应作用下，促进区域内劳动力等要素自由流动，从而助推都市圈、城市群城乡融合发展。此外，长期以来，成都、重庆两个国家中心城市都在各自探索统筹城乡的路径，通过交流合作，成都市有望为推进都市圈、城市群城乡融合发展贡献智慧和力量。

（二）成都市这一阶段试验改革的主要进展

在这一阶段，成都市在党的十九大报告精神指引下，实施乡村振兴战略，推出城乡融合发展十大工程，推进高水平的城乡融合发展。2019年12月19日，国家发展改革委、中央农村工作领导小组办公室、农业农村部、公安部等十八个部门联合印发《国家城乡融合发展试验区改革方案》，设立了四川成都西部片区等11个国家城乡融合发展试验区，要求率先建立起城乡融合发展体制机制和政策体系，为全国提供可复制可推广的典型经验。根据《国家城乡融合发展试验区改革方案》，四川成都西部片区的试验重点是：建立城乡有序流动的人口迁徙制度、建立农村集体经营性建设用地入市制度、完善农村产权抵押担保权能、搭建城乡产业协同发展平台和建立生态产品价值实现机制。成都市由此继续探索前进并取得了较为显著的成效。

第二节　成都市推进新型城镇化过程中体制和政策探索创新的重要实践

为破解城乡二元结构体制和政策难题、释放城镇化带动内需发展的积极作用，进入 21 世纪以来，成都市先后开启了统筹城乡发展、城乡融合发展的新型城镇化道路，它们构成了成都市在推进新型城镇化过程中进行体制和政策探索创新的重要实践。

一、统筹城乡发展中新型城镇化探索阶段的重要实践

（一）以农村产权制度改革为基础，推进城乡土地同权同价

土地制度是新型城镇化制度体系的基础与核心。在获批国家统筹城乡综合配套改革试验区后，成都市于 2008 年 1 月至 2011 年 6 月进行了以"还权赋能""农民自主"为核心的农村产权制度改革，在全域范围内开展了农村产权确权颁证工作，建立"长久不变"的产权关系，加强产权管理和保护的配套制度建设，搭建农村产权交易平台，为探索城乡要素平等交换体制机制奠定牢固基础。

1. 推进农村产权制度改革

（1）明晰农村各类产权权属。成都市制定并严格按照"五个一致、应确尽确、程序规范、群众满意"的确权工作标准和"七步工作法"要求，对农村集体所有土地所有权、农民合法取得的土地承包经营权、集体建设用地（含宅基地）使用权、农村房屋所有权和林地使用权进行确权登记，并颁发相关权属证书。对不能确权到农户的集体所有的土地、房屋和其他资产进行清产核资和股份量化，向农户颁发股权证。成都市进一步深化确权颁证工作，开展土地经营权、农村养殖水面经营权、农业生产设施所有权、小型水利工程所有权新"四权"登记颁证，加快建立归属清晰、权责明确、保护严格、流转顺畅的现代农村产权制度。截至 2015 年底，全市已基本完成农村产权确权颁证，实现了"应确尽确、应颁尽颁"，累计颁发

各类产权证和股权证共计889万余本。成都市农村产权确权颁证具有以下特点：一是"确实权，颁铁证"。成都市投入很大财力，利用高分辨率卫星及航空遥感影像图，清楚测量土地面积和四至边界，这为明晰集体产权打下了扎实基础。这与一些市、区（县）为了应付上级检查或打造示范点，仅仅根据二调数据调整原先的账面数据或者采用GPS进行测量的做法有着本质的区别。二是通过发扬村民自治作用解决确权颁证中的历史遗留问题。土地问题的历史变迁极为复杂，成都市首创村民议事会制度，将确权颁证中关于土地纠纷的问题交由农民自己处理和决定，避免了代民做主的弊端。村民议事会制度的独特好处催生了全市乡村治理的新架构与模式。

（2）建立长久不变的产权关系。明晰农村产权关系后，成都市开始推行"生不增、死不减"的财产权规范，积极鼓励和引导农民集体通过"自主、自愿、自治"的方式，讨论通过长久不变的农村产权关系，规范签订"长久不变"决议，实现农村各类产权的"长久不变"。"长久不变"产权关系标志着以"保障权"和"成员权"为特征的农村集体所有制开始向以"财产权"为特征的现代产权制度过渡。截至2014年底，全市共有32 001个村民小组就农村各类产权达成"长久不变"决议，涉及农村产权确权颁证村民小组的89%。

（3）创新耕地保护机制。成都市运用确权颁证成果，通过设立耕地保护基金，落实耕地保护责任，并实现了耕地保护与农村社保体系建设、现代农业发展的联动。耕地保护基金由县（市、区）从每年新增建设用地土地有偿使用费、耕地占用税和土地出让收入中提取并发放给承担耕地保护责任的农民，基本农田每年每亩400元，一般耕地每年每亩300元。耕地保护基金的90%用于农民购买养老保险和医疗保险的个人缴费及其他支出，5%用于为全市投保农户发放农业保险补贴，另外5%用于为农村产权流转提供担保。截至2015年底，成都市已累计发放耕地保护基金100余亿元，惠及近180万农户。

（4）完善农村产权管理服务与保护体系。成都市健全和完善相关规则和制度，对农村产权权属登记开展常态化管理，并进一步下沉农村产权管理服务职能，在乡镇成立农村产权管理服务中心，在村（社区）组建集产权协助管理、流转交易服务、股份化政策指导与监管于一体的农村产权村（社区）级标准化管理服务站。市、县两级统筹，国土、房管、农业和林业等部门按照职能分工均设立了农村产权纠纷调处受理机构和专人跟踪办理情况。成都市建立健全农村产权法律援助制度，组建"成都市农村产权维护法律援助中心"，在全国率先把农村产权保护纳入法律援助范围。例如，成都市在全国首创成立"成都农村产权仲裁院"，主要解决除农村土地经营纠纷以外的其他农村产权纠纷，包括农村集体建设用地的出让、出租和转让，农村房屋的出租、转让，农村产权抵押贷款等纠纷。成都市因为农村产权纠纷仲裁工作而于2014年获得第三届"中国法治政府奖"。

2. 探索集体建设用地入市

成都市充分利用农村产权改革成果，在现行法律框架下另辟蹊径，以实施土地综合整治为契机，用好用活城乡建设用地增减挂钩政策，实现农村和农民有效分享城镇化土地增值收益的新机制。在农民自愿的条件下，成都市将农民集中到城镇或农村新型社区集中居住，原来的宅基地在还耕后结余的建设用地指标空间置换到工业和城市化地区使用，从而实现了新增集体经营性建设用地的合法流转。成都市创新农村土地综合整治机制，采取以集体资产管理公司为平台，依靠村民自治、集体与社会资本合作开发等多种有效模式。如锦江区"大整理、大集中、大配套、大集中"模式[1]；郫县（现为郫都区）古城镇指路村农民自我筹资、自我整理、自我建设、自我开发、自我收益"五自"模式[2]；郫县唐昌镇战旗村与外来集团和公司合作开发建设模式等。此外，成都市开创了在农村集体建设用地上直接建设工业园区的先河，如在农村产权制度改革的基础上，金堂县竹篙镇农民引进社会资金共建农产品精深加工园区，实现了集体建设用地开发方式的多样化和土地价值的提升。在充分尊重农民意愿和确保"住有所居"的前提下，结合农村土地综合整治、场镇改造建设、乡村旅游发展需要，采取货币化安置、住房安置等方式，成都市开展农户宅基地使用权退出改革试点。截至2015年底，全市通过成都农村产权交易所实现集体建设用地使用权交易115宗，交易金额8.68亿元；建设用地指标交易1 212宗，交易金额202.34亿元，农村集体建设用地流转的渠道初步建立。

3. 建立农村产权交易服务体系

成都市于2008年10月13日正式挂牌成立了农村产权交易所，这是全

① 郭晓鸣，张克俊，高杰. 推进城乡要素自由流动体制机制改革的探索与思考：以成都市为例 [J]. 经济论坛，2016 (1)：100-106.

② 郭晓鸣，张克俊，高杰. 推进城乡要素自由流动体制机制改革的探索与思考：以成都市为例 [J]. 经济论坛，2016 (1)：100-106.

国首家综合性农村产权流转服务平台，集产权登记、交易、评估、仲裁等于一体，并与公证、担保、保险、银行等机构密切合作。成都市农村产权流转服务平台包括市、县（区）、乡（镇）三级交易平台，加上村在内形成四级服务体系，一般称之为"三级（交易）平台、四级服务体系"，即除市级交易所外，在 14 个县（市、区）均设立了交易分所，在乡镇设立交易服务站。成都农村产权交易所建立并完善了"六统一"的农村产权交易工作体系，即统一交易规则、统一信息平台、统一服务标准、统一交易鉴证、统一交易监管、统一诚信建设，并搭建起基于电子商务模式的网络交易平台，实现电子交易和信息发布的市、县、乡三级覆盖，成为集产权登记、交易、评估、仲裁于一体，并与公证、担保、保险、银行等机构密切合作的"一站式"农村产权交易服务平台，成为农村资源要素对接市场与资本的通畅渠道。截至 2015 年底，成都农村产权交易所各类农村产权流转交易额累计达 501.32 亿元，交易总量居全国同类交易所首位。

通过改革探索，成都市明晰了农村土地及各类产权关系，进一步赋予农民并落实了真正意义上的财产权利，将集体所有制下的成员权转化为现代产权制度下的财产权。在现行法律框架下，以城乡土地"同地同权同价"为基本导向与目标，构建了统一的土地要素交易流转市场，开辟了城乡土地利用的新思路新方式，在满足城镇化用地需求的同时，达到了维护农村稳定、促进农村产业发展和农民增收的效果。此外，成都市以农村产权制度为基础的土地制度改革也为户籍与基本公共服务、财政体制、农村金融体制改革等提供了制度基础与便利条件。

（二）以促进城乡人口合理流动为目标，联动推动城乡户籍与基本公共服务制度改革

城乡人口的合理流动是新型城镇化的核心支撑之一。人口向城镇集聚需要解决向哪类城市集聚、在城镇里如何就业、能不能最终留在城镇等关键问题，同时，解决好留在农村的群众的基本公共服务问题也同样重要。为了促进城乡人口合理流动，成都市较早启动了城乡户籍制度改革并不断有序推进，同时积极推进城乡基本公共服务均等化，剥离附着在户籍制度上的城乡基本公共服务不平等，配套提升农村基本公共服务水平。

1. 渐进式推进户籍制度改革

成都市户籍制度改革从 2003 年起步，经历了 20 多年的探索，目前已探索出了城乡一元化的户籍管理框架。改革大致经历了以下五个阶段：一

是 2003 年实行市内农民进城落户"条件准入"制，即取消以往的"入城指标"。二是 2004 年实行市内农民进城落户"一元登记"，即彻底废除"二元划分"。三是 2006 年以来实现市内农民进城落户"零门槛"。四是 2008 年以来彻底破除城乡居民身份差异，推进户籍、居住一元化管理。五是 2014 年 7 月 30 日以来按照国务院出台的最新国家户籍改革政策精神，积极探索入户积分制度和居住证管理，稳步推进城镇基本公共服务常住人口全覆盖。成都市渐进有序的户籍制度改革从最初解决市内农民进城落户问题入手逐步转向关注外来人口落户问题，坚持依法推进、统筹协调、积极稳妥的原则，确保已有的惠农政策持续有效，彻底破除城乡居民的身份差异，使户籍逐步回归人口管理登记功能，成为我国户籍制度改革的典型样本。

2. 推动城乡公共服务均等化

为了深入推进户籍制度改革，成都市着力重点推进城乡教育、就业、社会保障均等化，推动城乡居民享有平等的基本公共服务，彻底消除城乡居民的身份差异。

（1）促进城乡教育资源均衡配置。在"全域成都"理念指导下，成都市将全市所有幼儿园、中小学全部纳入城乡一体的教育发展规划中，从制度上保障基础教育资源城乡均衡布局。通过建立城乡教师流动机制、实施"特岗教师"计划、统筹城乡教师培训、保障城乡教师尤其是农村教师培训经费、提高教师待遇等，推动城乡师资均衡配置和缩小城乡教学质量差距。针对"以县为主"的农村义务教育财政投入体制的不足，成都市确立了"以市为主、分级承担，分类指导、区别对待"的经费分担原则，按照"支持城区、补助近郊、扶持远郊"的思路，实行义务教育经费预算单列，将新增教育经费主要用于农村，确保农村教育经费持续稳定增长，统一并提高城乡生均公用经费标准和教育事业费，实现均衡共享。

（2）实现就业政策与服务全覆盖。成都市将制定的各项就业政策覆盖到了包括农村地区在内的所有城乡劳动者，为城乡劳动者提供免费的公共就业服务、职业介绍和就业培训等。成都市以援助困难家庭高校毕业生、"4050"下岗失业人员、农民集中居住区劳动者、零就业家庭成员和残疾人等实现就业为重点，依托就业援助基地、公益性工作岗位开发、"962110"服务热线等，在全国率先建立就业援助应急服务机制，确保就业困难群体和零就业家庭享受更加优惠的就业扶持和社会保险援助政策。

成都市还在全国率先建立了城乡统一的就业失业登记管理制度，将法定劳动年龄内有劳动能力和就业要求而处于无业状态的本市居民，统一纳入全市失业登记管理服务范围，将失业保险参保范围、缴费标准和待遇水平"三统一"。

（3）构建城乡一体的社会保障制度。自 2003 年以来，成都以创新制度和完善政策为抓手，坚持"制度构架、城乡统筹、待遇标准城乡衔接、机构设置城乡统一、经办操作城乡一致"的工作思路，逐步建立了资金来源多元化、保障制度规范化、管理服务社会化的保障体系，实现了社会保险制度的城乡全覆盖，并在多个领域实现了全国率先突破。

（4）构建城乡一体的基本养老保险制度。成都建立了全市统一的城镇职工基本养老保险制度和城乡居民基本养老保险制度，用人单位及其职工参加城镇职工基本养老保险，无用人单位的城乡居民可自主选择参加任何一项基本养老保险，两种制度全面衔接、自由转移接续，基本养老保险制度城乡分割、"碎片化"现象被彻底消除。截至 2015 年底，全市城镇职工基本养老保险参保人数达到 570.75 万人，城乡居民基本养老保险参保人数达到 325.58 万人，参保率 97%。

（5）构建城乡一体的基本医疗保险制度。从 2007 年 10 月起，成都市逐步合并新型农村合作医疗、城镇少儿医疗互助基金、城镇居民医疗保险、市属高校大学生基本医疗保险，建立城乡一体的基本医疗保险制度，使得全市居民都能享受到均等的医疗保险待遇，全市城乡基本医疗保险实现了市级统筹、城乡统筹、全域结算，做到了筹资标准城乡一致、参保补助城乡统一、待遇水平城乡均等。截至 2015 年底，全市城镇职工基本医疗保险参保人数达到 620.84 万人，城乡居民基本医疗保险参保人数达到 707.62 万人，参保率 98%。

（6）构建城乡一体的社会救助体系。成都市形成了以最低生活保障为核心，以帮困助学、助医和建房三大救助为配套，其他救助和社会帮扶为补充的综合型社会救助体系，并有效地整合了民政、劳动、教育、残联、卫生和房管等部门的救助资源，实现了纵向到底、横向到边、不重不漏、全覆盖的社会救助目标。

3. 提升农村基本公共服务水平

成都市于 2009 年全面启动了村级公共服务和社会管理改革，建立了村级公共服务和社会管理专项资金，并纳入市、县两级财政预算，建立随财政收入增长而增长的机制，由 2009 年、2010 年每个村不低于 20 万元提高到 2011 年至少 25 万元、2012 年至少 30 万元，2013 年以来达到每个村 40 万元，切实保障了村级公共服务"有钱办事"。成都市明确了 7 大类 59 项村级公共服务的供给主体、责任并建立了分类供给机制。在解决资金保障的基础上，成都市以农民自主自治、广泛参与为前提，实行村民民主议事，遵循"收集梳理、民主议决、实施监督、评议整改"的村级公共服务资金操作规范，确保了重点解决群众最迫切最需要最关注的公共服务事项。成都市推进农村公共服务设施建设，全面完成农村中小学、城乡基层劳动就业社会保障服务中心（站）、乡镇公立卫生院和村卫生站、村文化站、基层农业综合服务站的标准化建设，19 个区（市）县全部建有社区服务中心，建成乡镇（街道）级社区服务中心 340 个，社区管理服务站3 364 个。成都市制定了重点镇、一般镇"1+28"或"1+27"，涉农社区、村"1+23"或"1+21"，农民集中居住区"1+8+N"的农村公共设施配置标准体系，推动公共服务向农村覆盖、基础设施向农村延伸。成都市将农村的这一做法向城市推广，按 3 500 元/百户的最低标准设立了城市社区公共服务和社会管理专项资金，建立了城乡统一的村（社区）基本公共服务和社会管理保障机制。

通过系统探索，成都市以户籍与基本公共服务制度改革的联动确保了探索成效，真正对农民向城镇空间迁移并最终定居起到了实质性的作用。成都市努力缩小城乡基本公共服务差距尤其是填补农村基本公共服务空白，大大改善了居民的生产与生活条件，增进了居民的生活幸福程度，增强了就近城镇化的动力与趋势，同时也推动了公共财政体制改革，使公共财政在统筹城乡发展的最重要领域不缺位并发挥好服务与监督功能。成都市的这一系列改革，使是否市民化完全取决于农民的个人理性选择，并且有意愿市民化的农民能够市民化。

（三）以市场机制撬动社会资金为着力点，深化财政体制改革

统筹城乡发展需要巨额资金投入，对一些具有公共产品性质的领域来讲，财政资金投入更是不能缺位。成都市一方面围绕城乡基本公共服务均等化构建公共财政制度，另一方面发挥财政资金的引导作用，以市场机制撬动社会资金进入"三农"和城镇建设领域，满足了城镇化发展的巨大资金需求。

1. 建立覆盖城乡的公共财政制度

成都市促进更多财政资金投向公共服务领域并建立逐年增长机制。全

市扩大公共服务类支出范围，率先将农村基本公共服务和社会管理经费纳入财政预算，规定各级政府每年新增公共事业和公共设施建设政府性投资主要用于农村建设，并随财力的增长而增长，直至城乡基本公共服务实现均等化。2015年，全市财政对"三农"的投入达到417.15亿元。成都市完善财政转移支付制度，相继成立了农村税费改革转移支付、缓解县乡财政转移支付、县级公共经费保障转移支付、乡镇机构运转最低保障转移支付、乡镇机构人员分流转移支付、区县工业集中开发区基础建设补助等，不断加大对各区县尤其是困难区县的财政支持。成都市深化县乡财政管理体制，对经济较为发达的乡镇，进一步健全和完善乡镇财政管理制度，实现财政收支自求平衡；对经济较为落后的乡镇，实行"乡财县管"制度，县级财政保障乡镇必要的支出。成都市加强资金使用监督，在完善传统"三务"公开的基础上，成都市建立了基于互联网的基层公开平台，改造"三资"公开平台，及时广泛地向群众公开财政资金使用情况。

2. 创新财政资金投入方式

成都市将用于"三农"的财政资金和部分土地出让收入，采取以拨改贷的方式，实行贷款贴息、委托贷款、担保贷款、直接贷款和入股入资等方式，成立了成都市现代农业发展投资有限公司、成都市小城镇投资有限公司和成都市商贸物流投资（集团）公司三个政策性涉农投融资公司，各区（市）县也成立了现代农业发展、小城镇建设的投融资平台。它们分别服务于农业项目、土地开发、土地整理、农产品收购、小城镇综合开发、农产品流通等投资以及风险分担。政府通过发挥财政资金的引导作用，撬动金融资本和社会资本进入"三农"领域，而自身承担了发起者、服务者和促进者的角色。

（四）以实现农村产权抵押融资功能为突破口，推进农村金融体制改革

为加强金融体系对统筹城乡发展的支撑作用，成都市充分运用农村产权制度改革成果，探索实现农村产权抵押功能，创新金融产品和风险保障机制，并完善农村金融服务体系，引导了更多银行信贷资金流向"三农"及其他领域，加强了金融对统筹城乡发展、新型城镇化的支撑作用。

1. 创新农村金融产品

成都市开展集体建设用地使用权、农村土地承包经营权、农村房屋所有权、林权抵押融资，全市各类农村产权抵押融资超过123亿元；探索出仓单质押、资金互助社、职业经理人资格贷款、集体建设用地上在建项目

抵押贷款等融资方式，农村有效抵押担保物进一步扩大。

2. 完善风险防范机制

成都市成立产权抵押担保公司，建立农村产权担保和保险风险补偿专项资金、农村产权抵押风险防范基金，鼓励金融机构开展农村产权融资探索；进一步完善政策性农业保险制度，不断扩大承保农产品范围，吸引各类涉农商业保险机构进入农村开展相关业务，通过完善风险分担机制，加大对农村金融的政策支持力度。

3. 完善农村金融服务体系

成都市优化县域内金融机构网点布局，引导和争取商业银行在成都设立村镇银行，鼓励金融机构向农村延伸网点，发展多种形式的新型农村金融服务机构。截至 2015 年底，全市共成立村镇银行 12 家，注册资本金合计 11.5 亿元；在二、三圈层区（市）县设立融资性担保公司 32 家，在保余额 58.9 亿元；组建小额贷款公司 38 家，贷款余额 64.6 亿元，基本形成覆盖全域的农村金融服务体系。

（五）以中小城市和小城镇建设为重点，优化城镇空间布局

随着统筹城乡工作的推进，成都市城镇化空间格局逐渐由中心城区的单一集中式发展向全域统筹均衡发展转变。成都市抓住这一机遇，更加注重中小城市和重点小城镇发展，并联动推进新农村建设等，因地制宜地促进农民向重点小城镇和新型农村社区就近转移，优化新型城镇化空间布局与形态。

1. 加快中小城市和重点小城镇发展

近年，成都市卫星城、县级市等一批中小城市通过探索城乡一体化路径获得了飞速发展，产业支撑明显加强，对中心城区的功能分担大大增强。为了进一步提升中小城市发展质量，成都市研究制定了独立城市的标准，批复了新津、双流、新都、青白江、郫县、温江和龙泉驿 7 个区县的城市总体规划，加快实现整个城市多中心空间布局。温江区于 2015 年成功获批国家中小城市综合改革试点，将以深化行政管理体制改革为主线，着重在创新产业发展机制、城市建设机制、公共服务机制和城市治理机制 4 个方面探索经验。

成都市以基础设施建设为重点，在同步推进产业发展、城市管理体制改革的同时积极培育小城镇。成都市启动 34 个重点镇建设，通过政策性小城镇建设投融资平台促进社会资金投入等，总投资达 756 亿元，实现了与

中心城市建设标准的统一，提升了基础设施建设水平。在重点镇建设的基础上，成都市结合市域城镇体系规划，推动其中10个重点镇转型升级向小城市发展；全面启动并完成全市174个小城镇改造工作，实现投资243亿元，有力地推动了小城镇向产镇一体、产村相融、主导产业支撑有力、生态文明持续发展、文化特色鲜明、宜居宜业的特色镇过渡发展，促进其中68个小城镇建设成特色镇。

2. 创新新农村建设机制

在汶川地震灾后恢复重建中，成都市按照"三个集中"的理念，总结提炼出了新农村建设的发展性、多样性、相融性和共享性"四性原则"①。按照"四态合一"理念和"业兴、家富、人和、村美"的目标要求，大力推广"小规模、组团式、微田园、生态化"新农村综合体建设模式。目前全市建成和在建的"小规模、组团式、微田园、生态化"新农村综合体123个，走出了符合农村实际、形态优美、产村相融的幸福美丽新村建设新路径。崇州市白头镇五星村、郫县三道堰镇青杠树村、大邑县苏家镇香林村、邛崃市夹关镇周河扁和高何镇寇家湾安置点已形成示范效应，"小规模、组团式、微田园、生态化"已成为我市新农村建设的重要标志，得到了国家有关部门的充分肯定和中央、省级媒体的广泛宣传，称"小规模、组团式、微田园、生态化"模式是"新农村建设的2.0版本"。

3. 实施生态移民

一是实施防灾避险移民。突出以人为本，鼓励和引导"两山"（龙门山、龙泉山）地区不适宜居住的地质灾害隐患危险区实施生态移民工程，切实保障农民群众生命财产安全。二是推进生态保护移民。加强还耕、还林，促进"两山"地区植被恢复、生态涵养，降低灾害发生可能性。三是实现富民安民。有序引导农民下山进城入镇，积极引入社会资金发展现代农业，实现农民利益最大化，保障了山区群众生命安全、生产发展、生活幸福，促进了耕地保护和生态修复。

4. 开展统筹城乡综合改革示范建设

成都市及时推广已有的改革经验，开展统筹城乡综合改革示范片建设，探索整镇推进城镇建设、产业发展、农民转移的路径和办法，加快形成跨镇区域协调发展的机制，从而形成先行先试、典型带动的示范效应。

---

① "四性原则"具体是指与当地产业和经济要素结合的发展性、空间布局和建筑形态的多样性、周边环境和生产与生活方式的相融性、基础设施和公共设施的共享性。

目前，全市共确定了 14 个统筹城乡综合示范片和 12 个示范镇，崇州市白头镇—集贤乡、大邑县斜源镇—花水湾镇—出江镇、金堂县竹篙镇—又新镇—广兴镇示范片、彭州市濛阳—葛仙山示范片等已初见成效，成为统筹城乡发展中新型城镇化建设的示范样本。

通过改革探索，成都市使中小城市和小城镇获得了一定的发展空间，尤其是极大地弥补了小城镇建设的历史欠账，使小城镇对农民的吸引力大增，为促进农民就近城镇化提供了现实可能性，初步构建了梯次分明、功能互补的城乡空间格局。此外，创新乡村建设机制实现了新农村建设与新型城镇化的双轮驱动，实施生态移民坚持了发展成果全体人民共享的理念，兼顾了社会和谐。

（六）以放活经营权、推进现代农业发展为手段，增强新型城镇化产业支撑

在统筹城乡发展中，成都市按照"以工促农、以贸带农、以旅助农"的"全产业链"思路，利用农村产权制度改革成果，积极创新农村土地流转经营模式，切实提升农业规模化产业化经营发展，并通过推进"三个集中"、城乡产业一体化、产城相融等，促进一、二、三产业互动发展，探索构建城乡融合的新型城镇化产业体系。

1. 培育新型农业经营主体

新型农业经营主体是推进土地流转规模经营的重要力量，带动了农户与农户之间单一流转向多种经营主体流转的转变发展。近年来，成都市通过设立农业经营主体培育专项资金、采取政府购买服务方式在农民合作社中试点实施会计代理制度等，加大对新型农业经营主体的培育力度。截至 2015 年底，全市家庭农场总共 2 508 家，农民合作社累计达到 6 410 家，市级以上龙头企业共 476 家。成都市在全国范围内率先提出培育农业职业经理人，使农民成为一种职业，而不再是一种身份。截至 2015 年底，成都市培训农业职业经理人累计达到 6 132 人。成都市完善以农业职业经理人选拔、培养、聘用、考核和交流为重点的培育机制，鼓励农业职业经理人按城镇职工标准购买养老保险。

2. 创新现代农业规模经营机制

农村产权制度改革推进、新型农业经营主体培育为加快现代农业规模经营创造了条件。成都市全市围绕都市现代农业产业转型升级，大力发展蔬菜、粮油、花卉、水果等"十大产业"，加快建设"10 个粮经产业新村

建设成片推进综合示范基地""7 个产村相融现代农业精品园区""3 条都市现代农业及灾后重建示范带",推进土地向新型农业经营主体适度规模流转。2015 年底,全市耕地流转面积达 372.6 万亩,土地适度规模经营率达 58.6%。成都市创新农业经营机制,探索推广土地股份合作、家庭适度规模经营、"大园区+小农场"等土地适度规模经营模式。崇州市以"农业共营制"构建新型农业经营体系,得到了国家相关部门和专家、学者的充分肯定,被认为是"促进我国农业经营方式转型的重要突破口"。2015 年底,各类农业产业化经营主体带动农户面超过 80%。

3. 推进三次产业互动发展

成都市通过推进"三个集中",按照集中集约集聚理念在全域内合理布局产业,并延长产业链条,建立城乡产业一体化机制,促进了城乡经济的交流与融合。成都市积极发展农产品精深加工业和农村商贸流通服务。2015 年,市级以上农业产业化龙头企业销售收入(含交易额)达到 2 200 亿元,现代种业产值达到 65 亿元,绿色生态农业面积超过 20 万亩。成都市大力发展观光农业、休闲农业,推动乡村旅游提档升级,实现农业与乡村旅游的融合发展,2015 年举办各类乡村节会活动 117 次,接待乡村游客9 519.18 万人次,乡村旅游收入 200.06 亿元。

通过改革探索,成都市调整了农业经济结构,提升了现代农业发展水平,补齐了"三化互动"中农业现代化这一短板,构建了"农工贸旅一体化、产加销服一条龙"的都市现代农业体系,有力地保护了农村农业生态环境。

(七) 加强城镇规划与建设,形成新型城镇化建设新机制

针对城镇建设中存在的突出问题,成都市按照城乡一体化理念,统筹推进城镇规划与建设。全市高度重视和强调科学规划的重要作用,对原来城乡分治的规划体制进行深刻反思和重大调整,逐步建立了城乡一体的规划编制、管理和监督体制。同时,积极推进城乡基础设施一体化,改善城乡居民尤其是农村居民的生产与生活条件,为统筹城乡发展提供重要保障。

1. 建立城乡一体的规划体制

(1) 促进城乡规划满覆盖。成都市将城市与农村作为一个有机整体,对全域范围内空间布局、产业发展、资源环境保护、基础设施和公共服务设施配置进行统筹规划,建立了城乡一体、有机衔接的规划体系,构建了

1个特大中心城（双核）、8个卫星城、6个区域中心城、10个小城市以及68个特色镇和2 000余个农村新型社区组成的市域城镇体系[①]。成都市明确并始终坚持规划编制的"三个集中"原则，真正保障资源集约利用。成都市实行城市总体规划、土地利用总体规划、产业布局规划"三规合一"，解决了多年以来经济与社会发展中三个最主要的规划之间的相互脱节问题，并在此基础上探索"多规合一"，实现了各类城乡规划的衔接配合。2008—2013年，全市城乡规划覆盖率、城乡土地利用规划覆盖率均为100%；城镇控制性详细规划覆盖率由95.89%上升至98.74%。

（2）建立城乡一体的规划管理体制。成都市建立了城乡一体的规划编制、实施和监督单个方面相互独立、整体又相互衔接的管理新体制。成都市设立了由公务人员、专家和公众代表组成的城乡规划委员会，并将其作为政府进行城乡规划决策的议事机构，从组织上保障科学规划的统领作用。在规划编制方面，除了建立城乡一体的科学规划体系外，还吸收公众参与，推进规划民主化进程。结合农村产权制度改革、新型基层民主治理制度构建，成都市通过建立社区协商平台吸引广大公众通过全程参与规划过程，形成了规划编制的民主机制。在规划实施方面，成都市将审批工作方法标准化和技术化，大大简化审批工作内容，并将规划审批权限下放至各县进行属地管理。在规划执行监督方面，成都市在全国实现"三个率先"，即率先建立城乡规划督察专员制度、率先成立全市城乡规划督察专员办公室和规划执法监督局，专职负责监督检查和绩效考评城乡规划执行情况。2008—2013年，成都市规划实施率由38.53%提高到80%。

（3）充实基层规划人才力量。为补齐农村规划管理工作短板，成都市从加强规划管理人才力量出发，2003年起在各镇乡建立村镇规划所，并向各镇乡派驻规划助理员。2010年，成都市又在全国率先建立乡村规划师制度，分六批面向社会招募了237名乡村规划师并将其派驻到乡镇工作，推进规划服务职能覆盖到全市所有乡镇。在灾后重建、利用农村产权制度改革成果的过程中，乡村规划师对运用农村产权制度改革成果、联结政府和农村居民及其他相关主体发挥了重要作用。

2. 推进城乡基础设施共建共享

（1）构建城乡一体的现代交通体系。成都市从市域角度统筹考虑综合

---

① 《成都新型城镇化规划（2015—2020年）》。

交通运输体系规划，把广大农村纳入，并组建市交通委员会，实现城乡交通规划一体化。成都市实施市域高速公路网、多通道路网、县道公路网、加密乡村公路网等"五网"建设，启动连接一、二、三圈层的"三轨九路"重大交通设施建设，积极推动城市公共交通向农村延伸，率先在西部实现县县通高速路、村村通水泥路和城乡客运一体化，农村客运通村率达98%。改革城市公共交通与旅客运输分隔的管理体制，实行近郊公交化、远郊客运化，实现城乡交通运输管理一体化，让更多农村居民享受到公共交通带来的实惠。

（2）实施城乡居民饮水保障提升工程。成都市大力推进农村居民饮水保障提升工程建设，实现平原浅丘自来水全覆盖，深丘区小型设施供水达安全，在全省率先解决了农村饮水安全问题，全市城乡供水基本实现"同网、同质、同价、同服务"。成都市加快城乡污水处理厂及配套管网建设，实现中心城区、郊区（市）县城、乡镇污水处理设施全覆盖。

（3）推进城乡能源通信基础设施建设。加快农村电网改造、天然气管网建设，完成农村电网新建（改造）4 645 千米，农村居民基本实现安全用电、放心用电；完成乡镇天然气供气管网建设 390 千米，全市乡镇天然气管网覆盖率达 95%；推进行政村光纤到户工程，光纤入村率达 99.1%，实现光纤宽带和 4G 网络对农村地区的有效覆盖。

通过改革探索，成都市构建了新型城镇化建设的规划体制，强化了城市建设必须遵循的理念与原则，并建立健全了城乡基础设施共建共享机制，开辟了统筹城乡城市规划、建设的新局面。

（八）以完善治理结构为核心，构建民主决策联动高效的新型城镇化治理体系

健全和完善的治理体系是新型城镇化的重要支撑。成都市针对"三个集中"等统筹城乡发展措施实施带来的新问题与新矛盾，积极探索治理方式的民主化、治理主体多元化和治理手段科学化，努力构建与新型城镇化要求相适应的治理制度。

1. 规范决策机制，促进治理方式民主化

（1）推行村（社区）党组织书记公推直选、开放"三会"制度和社会评价基层干部。全市村（社区）党组织书记全部公推直选。区（市）县委常委会（全委会）、人大常委会、政府常务会研究涉及本地区发展的重大事项，群众广泛关注、涉及群众利益的议题，都向党员、群众代表开

放。在基层党委、政府年度考核和干部考察中，必须经过民主测评、民意调查、述职评议等，通过区（市）县、部门和乡镇（街道）干部、村（社区）干部、普通党员"四级社会评价网络"，开展"下评上、民评官、基层评机关"的社会评价活动。"公推直选"、"三会"开放和社会评价机制，保障了群众的知情权、参与权、选择权和监督权，实现了干部"对上负责"与"对下负责"的有机统一。

（2）构建新型村级治理机制。成都市按照"三分离、两完善、一改进"（决策权与执行权分离、社会职能与经济职能分离、政府职能与自治职能分离，完善农村公共服务和社会管理体系、完善集体经济组织运行机制，加强和改进农村党组织领导方式）的思路，构建"村（社区）党组织领导，村民（代表）会议或村民议事会决策，村民自治委员会执行，村务监督委员会监督，其他经济或社会组织广泛参与"的充满生机活力的新型村级治理机制。目前，全市所有村、组均建立了村民议事会、监事会，共有村民议事会成员 10.1 万余人，村民小组议事会成员 15.3 万余人。各村（社区）村民议事会每季度至少召开 1 次，村级事务实现应议尽议、规范议决，村民对议事会的知晓率达 98%、对议事会运行情况的满意度达96%，民事民议、民定的运行机制基本建立。

（3）推进农村新型社区自治管理创新。成都市开展以集中居住区党组织为领导核心，以议事会、管委会、监委会为自治平台，以物业服务中心为载体，以其他社会组织为有效补充的"1+3+1+N"农民集中居住区自治管理创新试点，实现群众自我管理、自我服务、自我教育、自我监督，切实解决农民集中居住区管理难题。成都市探索散居院落成立"院落管理委员会"、农村集中居住区成立"业主委员会"等新型自治组织，采取专业物业公司、自治组织互补结合的方式，推进城乡物业管理全覆盖。

（4）全面推开农村小型公共基础设施村民自建改革。成都市将政府投资管理体制改革与新型村级治理机制建设有机结合，以政府投入农村小型公共基础设施项目为载体，以发挥村民主体作用为主线，将项目的选择权、实施权（建设和管护）、评价权进一步落实给村民，全面推行村民自建改革，形成"实施体系、组织体系、监督体系、制度体系+信息化平台"的"4+1"模式。这一改革创新，得到了国家相关部门、专家、学者的充分肯定。

2. 加强培育引导，促进治理主体多元化

（1）促进农民群众在心理上进城。成都市在社区建立"心理健康服务站"，针对进城农民和集中居住区居民，办好市民学校和社区道德讲堂，充分发挥基层组织、政府部门和社会组织等的作用，因势利导开展心理辅导和文明新风教育，使进城农民能够从心理上平稳融入城市生活。成都市继续深化城乡一体的基本公共服务体系建设，推动城乡基本公共服务均等化，逐步扩大城镇基本公共服务对常住人口的覆盖面和提供水平。

（2）促进农民群众在技能上进城。成都市加强就业培训、就业援助、就业服务，广泛开展面向农民的职业技能培训，加大对自谋职业、自主创业的支持力度，增强农民就业创业能力，完善公共就业服务体系，2015 年全市培训城乡劳动者 8 万余人，城镇新增就业 26.36 万人，农村富余劳动力新增转移就业 8.73 万人。

（3）促进农民群众在文明习惯上进城。成都市充分发挥新市民学校的作用，年均培训新市民 10 万人次以上。广泛组织形式多样的群众性文化活动，开展"万名志愿者进社区"主题活动，推进城乡志愿服务常态化开展，全市注册志愿者人数达到 150 万人；充分利用道德讲堂、百姓故事会、"太极蓉城"系列健身活动等载体，开展多种形式的社区教育培训，着力培育现代市民意识和文明生活习惯，增强农民群众的融入感和适应能力。

3. 打破分治格局，促进治理手段科学化

（1）推进政府机构改革。成都市坚持城乡一体化理念，改变原先城乡分割的行政管理体制，对规划、农业、交通、水务等 30 多个部门实行大部制改革，要求城乡同一事项由同一个部门负责管理，推动政府部门管理职能向农村延伸和覆盖。

（2）促进政府管理职能相对集中和下沉。成都市坚持"大城市、细管理"，积极推行属地化、网格化、信息化管理模式，初步构建起城乡一体、联动高效的"大交通""大城管""大综治"工作格局，促进了社会大局和谐稳定。成都市按照"依法下放、能放则放"的原则，深入推进扩权强镇（街道、乡）事权改革，将直接面向基层，量大面广，由基层政府管理更方便、更有效的经济与社会事项，一律下放给基层管理，推动政府行政管理扁平化、高效化。

（3）改革乡镇工作目标绩效考核办法。成都市采取分类指导原则，对确实不适合或无条件发展工业的乡镇，主要通过财政转移支付加大对其发展投入，使其生态环境和文化资源免受破坏。与此同时，成都市从市域范围内整体逐步降低乡镇经济指标的考核权重，在全省率先取消对乡镇的财政税收、招商引资的考核，取而代之的是强化乡镇的生态环境保护、社会管理和基本公共服务提供等职能，促进乡镇政府职能转变。

通过改革探索，成都市以转变政府职能为着眼点，大力优化政务环境和提高行政效率，并加强了基层党组织建设，将乡村治理的民主化水平推上了一个新的高度，在锻炼基层干部的同时也得到了群众对改革试验的普遍欢迎。因而，治理体系的构建和完善成为成都市推进新型城镇化过程中最有力、最可靠的支撑之一。

二、城乡融合发展中新型城镇化探索阶段的重要实践

（一）建立城乡有序流动的人口迁徙制度

1. 持续深化户籍制度改革

一是实行"双轨并行"的户籍政策。从 2018 年 1 月 1 日起，成都市开始实施条件入户（户籍迁入登记）和积分入户"双轨并行"的户籍政策，推进非户籍常住人口应落户者尽落户。同时，成都市坚持人才优先取向，通过制订年度积分入户指标计划，合理调控条件入户与积分入户的比例与规模，实现年度入户动态平衡。二是完善城镇基本公共服务供给机制。成都市通过建立健全居住证和实有人口登记制度，推进城镇教育、就业、住房、养老、社会福利、社会救助等基本公共服务向常住人口覆盖。三是实施区域差异化积分。成都市优化积分落户结构，在重点发展区域就业满 1 年加 20 分，在优化发展区域就业满 1 年加 10 分，在其他区域就业不加分；将居住地从主城区转移到其他区域的满 1 年加 5 分，将就业地和居住地均转移到其他区域的满 1 年加 10 分[①]。通过实施区域差异化积分，成都市引导人口优先向郫都区、温江区等中心城区流入，提升彭州市、都江堰市、崇州市、邛崃市、大邑县、蒲江县城市建成区对新增人口的吸纳能力，实现人口合理梯度转移。

2. 健全农业转移人口市民化政策体系

一是完善农业转移人口市民化奖励机制。成都市持续增强对农业转移人口市民化的财力保障，建立健全农业转移人口市民化成本分担机制，推动农民工特别是新生代农民工融入城镇。二是加强农业转移人口合法权益保障。成都市加快推进农村集体组织成员身份认定工作，充分保障进城农

---

① 参见《国家发展改革委办公厅关于印发第一批国家新型城镇化综合试点经验的通知》（发改办规划〔2018〕496 号）。

业转移人口在农村的合法财产权利，鼓励进城农业转移人口依法自愿有偿放弃"三权"，健全农村产权交易、产权保护和产权纠纷调处体系。三是改善城镇基本公共服务保障。成都市通过组建义务教育阶段名校集团，促进城乡优质教育合理配置；支持推进保障性安居工程，提升对农业转移人口的基本公共服务供给水平。四是推进农民工市民化效率变革。成都市设立了100多个公安"一站式"落户服务办证点，方便外来人口落户。

3. 搭建和畅通人才下乡途径

一是探索城市人才加入农村集体经济组织机制。成都市支持温江区等地根据农村居住时间与创业创新情况，以合资、合作、投资入股等方式引进人才，保障其参与乡村自治、住房使用、土地流转经营等相关权益。同时，全市推广崇州市农业职业经理人培育模式，引进更多的懂农村、会经营、善管理的专业人才和专业团队，新培育一批农业职业经理人。二是完善人才入乡激励机制。成都市以岗编分离等多种方式，引进城市教（育）科（研）文（化）卫（生）体（育）等方面工作人员定期服务乡村。三是完善乡村专业技术人才"引育用留"机制。成都市引导规划、设计、文创、营销等专业技术人才入乡，推动职务晋升、职称评定等向服务乡村的人才倾斜。例如，郫都区建立城市人才加入乡村制度，制定申请、初审、表决、公示、颁证等新村民引进程序，吸引乡村旅游等紧缺人才约100名，带动约2 000名专业人才进村到户；蒲江县引进常驻型"新村民"150余人、候鸟型"新村民"300余人，顾问型"新村民"80余人。

（二）探索农村集体经营性建设用地入市制度

1. 健全农村集体经营性建设用地合规入市制度

农村集体建设用地在主体、区位、用途、属性等方面与国有建设用地存在巨大差异，国有土地使用权流通交易的相关办法只可作为参考，不能完全照抄。因此，成都市在坚持符合国土空间规划、用途管制和依法取得前提下，及时吸收郫都区农村集体经营性建设用地入市的经验，出台了《成都农村产权交易所农村集体经营性建设用地入市交易细则（试行）》等制度，明确以就地入市、调整入市和"城中村"整治入市等多种途径，以及出让、租赁、作价入股等多种有偿使用方式，稳妥推动农村集体经营性建设用地入市。成都市建立规范的民主决策工作机制，对农村集体经营性建设用地入市的范围、条件、处置方式、利益分配等重大事项力争做到科学化、民主化。成都市鼓励和支持郫都区在农村集体经营性建设用地入市改革试点成果的基础上，继续探索和完善相关政策，并适时推广试点经验。

2. 完善农村集体经营性建设用地市场化交易机制

一是推动农村集体经营性建设用地指标跨区域使用。成都市规定农村土地整理项目的结余指标优先用于本村产业项目，经协商一致，允许在试验区内跨区（市）县使用，允许四川省内国家和省定贫困县将闲置低效的建设用地复耕后结余指标调剂到成都市域使用。二是推进农村集体经营性建设用地使用权转让、出租、抵押二级市场建设。制定农村集体经营性建设用地二级市场交易规则，发挥农村产权交易所的专业服务优势，营造良好的交易环境。三是完善农村集体经营性建设用地使用权抵押融资办法。成都市通过政府性融资担保公司提供增信服务等方式，鼓励金融机构开展农村集体经营性建设用地使用权抵押贷款。截至 2022 年底，成都试验区完成集体经营性建设用地入市交易 352 宗，成交面积 3 528 亩，成交金额 28.62 亿元[①]。

3. 构建农村集体经营性建设用地入市收益分配机制

一是建立农村集体经营性建设用地土地增值收益调节金管理办法，按照土地级差收益原则，在国家、集体和农民个人之间公平分配土地增值效益，建立调节金征收机制。二是建立集体经营性建设用地入市收益在集体经济组织内部分配办法，土地所有权人出让或租赁取得的农村集体经营性建设用地使用权收益，集体经济组织按一定比例计提公积金或公益金，主要用于发展壮大集体经济和公益性支出。

（三）完善农村产权抵押担保权能

1. 依托"农贷通"平台创新农村产权融资产品

成都市在全面完成农村产权确权颁证的基础上，首创"农贷通"金融综合服务平台，不断丰富农村产权抵（质）押融资产品。全市依法合规开展农村集体经营性建设用地使用权、农民房屋财产权、集体林权抵押融资，以及承包地经营权、集体资产股权等担保融资；支持郫都区、都江堰市、邛崃市等地探索区（市）县土地储备公司参与农村承包土地经营权、农民住房财产权、农村集体资产股权等抵押贷款试点工作。此外，全市还有经济林木、农业生产设施、养殖水面、小型水利设施等农村产权抵押贷

① 四川省农业农村厅. 我省将加快推动乡村旅游转型升级 推出一批高品质"天府度假乡村"[N]. 成都日报，2023-03-21（2）.

款，以及花木、农产品仓单质押贷款等。截至 2021 年底，成都市农村产权抵押贷款累计 44 笔，金额达 1.66 亿元①。

2. 依托"农贷通"平台构建农村产权融资风险补偿机制

为防范可能出现的农村产权融资风险，成都市建立了政府性融资担保和风险分担机制，提高农村产权抵（质）押融资的可持续性。在"农贷通"平台上，成都市设立了风险补偿金，专项用于农村产权抵（质）押贷款等。成都市率先探索了通过组建农村产权收储公司处置不良资产的新模式。该模式是由多家市级国有平台公司共同出资，成立成都市农村产权收储有限公司，为农村产权提供专业的流转服务，从而建立起市场化的风险补偿机制与资金退出机制。此外，成都市还探索了利用熟人社会形成"软约束"、"保险+银行"等农村产权抵（质）押贷款风险分担机制。

3. 增强农村产权融资的配套政策支撑

为顺利推进农村产权融资，成都市完善配套相关政策，为农村产权融资提供支持。成都市陆续出台了集体建设用地使用权、农村土地承包经营权、农村房屋使用权等抵押融资管理办法，分类建立各类农村产权价值评估细则，进一步明确农村产权抵押担保和贷款损失的认定以及抵押资产的收购、评估和处置等办法，基本构建起一套推进农村产权抵押融资的完整制度框架。

（四）搭建城乡产业协同发展平台

1. 优化城乡产业融合发展的空间布局

一是构建产业融合发展新格局。按照规划，成都西部片区以蓉昌高速（成灌段）、成名高速（成温邛段）为轴线，串联沿线镇（街道）、产业功能区以及都江堰精华灌区等特色资源，打造都彭、崇温、邛蒲等都市现代农业和生态涵养片区，建立以生物医药与健康、生物农药与食品、旅游运动等为主的"大健康"现代产业体系。二是打造城乡产业协同发展先行区。成都西部片区围绕主导产业精准布局，突出差异化和个性化，同步配套建设生产设施和公共服务设施，建设"15分钟优质生活圈"，将成都医学城、成都川菜产业园、安仁·中国文博等23个产业功能区打造成为城乡产业协同发展先行区。

---

① 四川省农业农村厅. 成都市创建"农贷通"平台 打通农村金融服务"最后一公里"［EB/OL］. http://nynct.sc.gov.cn/nynct/c100632/2021/12/1/10da9b80076043d0a1b2d25f0dbb0a55.shtml.

2. 推进农商文旅体深度融合发展

随着乡村振兴战略的深入实施，现代农业新业态新模式层出不穷，三次产业日益呈现出"裂变—跨界—融合"趋势。成都市大力实施"农业+"战略，以延伸产业链、提升价值链为着力点，持续优化农业产业体系，探索"产业功能区+特色镇+川西林盘"发展模式，促进农业与旅游、康养、文创、体育、互联网等产业融合发展，最终推动农业产业走上精致、高端、高附加值的开发之路，充分释放农村经济发展活力。成都市努力打造突出农商文旅体特色品牌，突出"品质化、品牌化、国际化"方向，积极探索"IP+产业"、场景体验等新模式，推出一批特色鲜明的农业节庆、农博展会、科普体验和民俗赛事，并争取在全国具有较大知名度，顺势形成农商文旅体融合发展示范区。

3. 推进产业功能区一体化发展体制机制创新

一是完善产业功能区管理运营机制。按照经济区与行政区适度分离改革要求，明晰市级部门、功能区与街道社区各自的权责，赋予产业功能区相应的自主权，形成功能区负责产业发展、镇（街道）社区负责公共服务和社会管理的职能分工。按照"一个产业功能区，就是一个新型城市社区"理念，推行"国有投资平台+专业性企业"合作开发模式，构建产业功能区综合开发运营机制。二是建立产业生态圈协作机制。成都市支持西部片区各产业功能区之间建立有效的信息沟通、经验交流、工作协调机制等，塑造产业功能区之间良好的竞争合作关系，增强城乡产业融合发展的内生动力。

（五）建立生态产品价值实现机制

1. 加快美丽宜居公园城市建设

成都市深入践行习近平生态文明思想，落实习近平总书记"突出公园城市特点，把生态价值考虑进去"的重大要求，加快构建生态优先发展制度框架，努力建设公园城市典范区、长江经济带生态价值转化先行区，实现更高质量、更可持续发展。一是打造城园相融的公园城市形态。全市科学布局"三生"空间，以绿道有机联结山川农田和城镇街区，营造山水生态公园、乡村郊野公园、城市街区公园等全域公园场景，实施"百镇千村"景观化景区化建设，形成"青山绿水抱林盘、大城小镇嵌田园"的公园城市形态。二是构建绿色低碳的生态经济体系。坚持"植绿筑景、引商成势、产业聚人"，实施产业准入负面清单制度，保障农产品供给水平和质量，加快发展环境友好型产业，逐步建立以产业生态化和生态产业化为主体的生态经济体系。三是彰显健康宜居的生态生活价值。围绕满足市民对美好生活的需要，涵养山水林田湖城生命共同体，有机融入林盘文化、都江堰水文化、大熊猫文化等文化资源，营造舒适宜居生活环境和生态文化体系。

2. 建立生态价值向经济价值转化机制

一是构建生态系统生产总值（GEP）核算标准和评估体系。成都市积极支持崇州市等地探索编制县域自然资源资产负债表，以及都江堰市等地探索构建 GDP 和 GEP "双核算、双运行"的绿色经济考评体系，试图将生态系统各类功能"有价化"，实现 GDP 与 GEP 良性互动互促。二是催生生态经济新业态。成都市以发展"绿道+"经济带为突破口，培育主题消费体验、田园生态旅居等新业态新模式新场景，加速推动生态价值转化为经济价值。

3. 完善多元化持续投入机制

一是加大生态保护投入。成都市通过设立区域绿色发展基金，运用财政资金引导和激励生态环境保护行为，并整合各级财政资金，加大对重点生态功能区的转移支付力度。二是加强生态价值转化资金保障。成都市土地出让、入市部分收益定向用于生态项目建设，探索形成土地增值与生态投入良性互动机制。全市通过设立生态价值转化基金，探索开发绿色信贷、绿色保险、绿色债券、绿色担保等绿色金融产品，采取购买服务、先建后补、以奖代补、贷款贴息和 PPP 等方式，形成财政资金引导，社会资本等多渠道、多形式投入生态领域的格局。

第三节　成都市推进新型城镇化过程中体制和政策探索创新的评价与未来的努力方向

经过多年努力与探索，成都市在城镇化推进中切实贯彻城乡协调发展理念，因而城乡融合发展的新型城镇化形态日益成熟，取得了人口城镇化水平和质量"双提升"等明显成效，同时也存在一些不足。改革是为了发展，发展要靠进一步的改革，成都市的探索实践需要继续深入完善。

一、成都市推进新型城镇化过程中体制和政策探索创新的评价

（一）取得的主要成效

1. 人口城镇化水平持续较快上升

2003—2022 年，成都市常住人口城镇化率从 57.52% 提高到 79.9%，年均增加 1.74 个百分点[1]；城镇常住人口从 674.94 万人上升到 1 699.1 万人，年均增加 4.98 个百分点。2012—2022 年，成都市常住人口城镇化率从 68.18% 提高到 79.9%，年均增加 1.6 个百分点；城镇常住人口从 1 030.1 万人上升到 1 699.1 万人，年均增加 5.13 个百分点。其中，2022 年常住人口城镇化率分别高于全省、全国平均水平 21.55 个百分点和 14.68 个百分点。

2. 农民市民化质量显著提高

2003—2022 年，成都市户籍人口城镇化率从 36.98% 提高到 68.80%，年均提高 3.32 个百分点，常住人口城镇化率与户籍人口城镇化率的差距由 20.54 个百分点降至 11.1 个百分点，户籍人口城镇化率提高了 31.82 个百分点。截至 2021 年底，全市进城务工人员随迁子女在校生 26.28 万人，其中在小学就读 19.21 万人、在初中就读 7.07 万人[2]；农村富余劳动力向非农产业新增转移就业 8.6 万人[3]。城镇化对内需增长的拉动效应充分释放，2003—2022 年，全市社会消费品零售总额从 868.2 亿元增加到 9 096.5 亿元，年均增长 13.16 个百分点。

3. 城镇化发展的产业支撑不断增强

成都市农产品有效供给能力持续增强，2003—2022 年，全市非农产业增加值占经济总量的比重由 90.9% 上升到 97.2%，农业供给质量持续提高，城乡居民"米袋子、菜篮子、果盘子"更加丰富和安全，成为副省级城市和省会城市中唯一的国家农产品质量安全市。成都市稳步推进土地适度规模经营，探索形成"农业共营制"，农业产业化经营带动农户面超过 80%；新产业新业态逐渐培育壮大，非农产业吸纳就业人口的能力显著增强，2003—2021 年，全市非农产业就业人数占全部从业人员的比重由 62.8% 提高到 86.3%，年均增加 1.69 个百分点。2003—2022 年，成都市

---

① 笔者根据《成都市统计年鉴 2022》整理计算得到。如无特别说明，下同。
② 《2021 年成都市教育事业发展统计公报》。
③ 《成都市 2021 年度人力资源和社会保障事业发展统计公报》。

城乡居民收入差距由 2.64 变为 1.77，缩小了 0.87，成为全国唯一一个城市经济持续增长且城乡居民收入差距逐步缩小的超大城市。

4. 城乡公共资源均衡配置格局日益深化

成都市通过探索户籍制度改革，极大地提高了常住人口享受城镇基本公共服务的水平，在很大程度上消除了城镇内部二元结构体制。同时，为缩小城乡基本公共服务差距，成都市从公共财政投入、基层民主和治理制度建设等方面下大力气提升农村基本公共服务水平，从而有力地推进了城乡公共资源均衡配置，并使全体城乡居民能够共享改革发展成果。截至2022 年底，成都市参加城镇职工基本养老保险人数达 1 386.2 万人，城乡居民养老保险参保人数达 312.8 万人，2 万城镇居民、6.9 万农村居民享受最低生活保障①。

5. 最大限度地维护社会和谐

成都市在试验改革中，坚持经济建设、政治建设、文化建设和社会建设"四位一体"发展战略，积极转变政府职能，促进政府职能与服务下沉，既锻炼了基层干部的工作实践能力，也极大地提高了政府行政工作效率，改革的推进受到了群众的普遍欢迎。此外，加强了基层党组织建设，创新了城乡治理结构，有效地将改革试验中可能出现的各种风险降到最低，促进了社会大局和谐稳定。

（二）存在的突出问题

1. 改革整体性方面

首先，无论是从前期的自主探索还是从后期上升为国家城乡融合发展试验区的进展来看，成都市都面临着改革探索的相关法律依据不足的尴尬局面，如农村集体经济组织成员的权属界定，在一定程度上掣肘着改革探索的下一步推进。其次，改革成本负担较重，地方财政压力较大。改革探索前期的费用都由成都市本级财政支撑，但随着国内经济发展进入新常态、土地财政模式逐渐转型等，改革成本的持续增加给市级财政带来较大压力。再次，改革成果的系统性联动仍亟待加强。在这方面成都市做出了很大努力，但土地改革未与人才入乡、农民进城、集体经济发展壮大等协同推进的现象仍较明显，这也使得前期改革成果被闲置或流于形式。最后，改革的内生动力仍需加强。在统筹城乡改革试验阶段，政府主导起到

---

① 《2022 年成都市国民经济和社会发展统计公报》。

了很重要的作用，这是很有必要的。但到了城乡融合发展阶段，乡村内生动力应该发挥积极的甚至更为重要的作用，但目前行政力量过大，甚至取代市场的行为仍普遍存在。

2. 单项改革方面

在城乡人口迁徙方面，本地农民市民化动力不足、城市居民向乡村流动面临制度障碍、市域外来人口市民化进程仍显滞后[①]。在集体经营性建设用地入市改革方面，除缺乏权威性的政策指导或明确规定外，在建设、运营以及退出等实践阶段，表现出项目房地产化、耕地非农化、建设进程严重滞后、企业资金压力巨大、企业带动村集体经济资产增加和农民增收缓慢、企业的产权利益得不到保障等突出问题。在农村产权抵押担保权能实现方面，存在农村产权流动不足、在二级市场变现难、价值评估机制不健全等关键制约，金融机构尤其是非政策性金融机构参与积极性仍不高，同时"农贷通"平台融资服务功能的发挥也受到限制。在城乡产业协同发展方面，成都市存在各类产业融合载体建设的同质性较强且要素支撑不充分，产业支持政策导向不清晰且较为分散，产业集群辐射带动能力不显著等问题。在生态产品价值实现方面，品牌建设对农业绿色产品价值实现牵引不足、生态补偿力度不足、方式单一且多元主体责、权、利不够匹配等问题突出。

二、成都市推进新型城镇化过程中体制和政策探索创新的努力方向

（一）改革的整体性方面

成都市应积极向中央争取以法律法规、政策文件等形式确认前期改革成果的效力，如拓展农村产权抵押融资范围、推动人才下乡等，深化改革成果运用，形成稳定的改革预期。构建中央、省、市、区（县）多层级改革分担机制，对部分较为重要但成本较高的改革内容，争取上级政府的资金支持。建立制度化的各级政府之间、部门之间改革探索协同机制，加强改革实践推进的统筹联动性和探索成果的集成应用。充分尊重企业、农户、新型经营主体等的意愿，坚持依法行政，减少行政力量对改革探索实践的直接干预。构建利益协调机制，通过自下而上和自上而下相结合的方式，增强多主体参与改革的积极性，对他们合理的利益诉求予以满足。

---

① 高杰. 成都市城乡关系变迁的理论与实践研究 [M]. 成都：西南财经大学出版社，2022：117-121.

（二）单项改革方面

在城乡人口迁徙方面，以西部片区 8 个区（市、县）为先行探索，全面放开人口居住和落户限制；根据人口聚居新特点，做好产业功能区、特色镇、旅游景点、精品林盘、新型农村社区、郊区新城等的基本公共服务规划，可以考虑适度超前，探索多方参与的供给机制，更好地发挥对人口流动的引导作用。在集体经营性建设用地入市改革方面，进一步完善《成都农村产权交易所农村集体经营性建设用地入市交易细则（试行）》，提高项目准入门槛，以村集体经济组织作为项目实施主体，实行滚动开发，加快推进集体经营性建设用地二级市场建设，创新设计专门的贷款产品，加大供后监管和处罚力度。在农村产权抵押担保权能实现方面，拓展农村产权权能，加快推动经营型、生态型、资源型农村产权抵押产品创新，提高"农贷通"金融资源集聚能力，拓展"农贷通"平台金融服务体系，探索建立或引入市场化的农村产权评估机构，争取在实践上有大的突破。在城乡产业协同发展方面，突出特色、差异化地建设各类城乡产业融合载体，加强对城乡产业协同发展平台的政策支持，提高城乡产业协同发展平台的竞争力和带动力。在生态产品价值实现方面，建立生态产品价值核定机制，清晰界定政府、农户、村集体等多方主体的责、权、利，促进生态产品保护者与使用者权利与义务平衡，以绿色认证和品牌建设为抓手，促进生态农产品价值提升，加强利益联结，构建生态产品价值共享机制。

第四节　成都市推进新型城镇化过程中体制和政策探索创新的经验总结

经过统筹城乡发展和城乡融合发展两个阶段的探索，成都市的改革探索受到了国内理论界和实务部门的广泛关注，其经验不断被总结、借鉴与宣传。例如，成都市农村产权确权颁证、耕地保护基金机制、农业经营体系构建、村级公共服务和基层治理完善等方面的改革经验在全国推广，并上升为理论层面的制度成果。尽管如此，在我国全面建设社会主义现代化国家、以中国式现代化全面推进中华民族伟大复兴的新时代，对于成都市推进新型城镇化过程中体制和政策探索创新的经验，仍需要进一步认识和总结。

一、树立超前理念

树立超前理念即从扩大内需角度破解城镇化进程中的城乡二元结构体制和政策难题。成都市在21世纪初推进城镇化的过程中就意识到城乡二元结构对拉动城市内需的制约作用，也看到了进城农民市民化对拉动城市内需的巨大潜力，于是开始着力破解城乡二元结构难题。换言之，成都市并不是为破解城乡二元结构难题而破解城乡二元结构难题，而是在推进城镇化的进程中意识到城乡关系的特征决定了城镇化的特征，要想发挥城镇化作为现代化重要动力源的作用，就必须拆除城乡二元结构这一藩篱。成都市是在城镇化进程中破解城乡二元结构难题的，即是在中国式现代化的框架内探索破解城乡二元结构体制难题的。从这个意义上讲，成都市的改革探索是超前的，并表现为理念超前、思路超前和举措超前。

二、找准关键着力点

关键着力点即推动城乡要素平等交换和自由流动以及公共资源合理配置。在改革探索初期，成都市注重城乡一体的制度建设，如建立城乡一体的规划管理与监督制度、公共服务制度、财政金融制度等。随着改革探索的逐渐深入，成都市越发意识到在破解城乡二元结构难题的过程中，对乡村不能仅仅是"多予""少取"，"放活"也必须跟上，而且后者更为重要和关键。这就需要全市在最为基础的城乡要素流动与公共资源配置方面重点突破，即奠定城乡要素平等交换和自由流动的市场基础，构建乡村公共服务财政投入为主、多元力量供给机制。为此，成都市率先启动了以"确权颁证"为基础、以"还权赋能"为核心的城乡土地市场体系建设，率先成立了全国首个农村产权交易所等，为城乡要素的市场化交易奠定了最为重要的基础，让乡村要素具备了进行市场交易的条件。尽管其他各地都进行了农村产权制度改革方面的探索，但总体来看，成都市的实践探索仍然领先，制度创新特征更为突出，主要体现在：一是实测确权颁证。在这个环节，成都市花费了巨大的成本，但表明了改革的坚定决心，保障了"确实权"。二是通过完善以村民议事会和制定村民自治章程为主要内容的村级基层自治制度解决确权颁证中的历史遗留问题。村民议事会因解决农村确权中的实际问题而成立，因政府引导而规范壮大，是顶层设计和基层创新的有机结合。加上其他经济与社会组织的广泛参与，成都市乡村形成了

"多元共治"的新格局。事实证明，成都市基层治理改革探索促进了基层党组织建设，推动了农村产权制度改革，得到了城乡居民的普遍认可，推进了政府职能与服务下沉。三是农村产权管理与保护的制度建设更为完善。

此外，成都市探索了公益性服务政府承担、福利性服务适度补贴、经营性服务推向市场的村级公共服务提供方式。成都市将村级公共服务和社会管理分成 7 大类 59 个具体项目，明确不同供给主体的责任，市、县两级财政按照每村每年不低于 40 万元的标准，建立"村级财政"专项资金，由村集体及自治组织自主使用，促进公共服务和社会管理职能有序向农村延伸覆盖。这一探索创新从制度上建立了农村基本公共服务的投入增长机制，并通过机制创新保障了农村基本公共服务提供中政府不缺位、市场和社会发挥积极作用，从而使农民分享到改革探索的实惠。当然，这一探索创新需要有较为雄厚的财政收入实力作为支撑。

三、探索实施科学路径

探索实施科学路径即注重资源的集聚作用，发挥城市的规模效应，同时推动要素从城市流向乡村，实施从集聚走向平衡的探索路径。虽然城乡融合发展注重城乡发展的平衡性、公平性，但不能以牺牲经济发展效率为代价，否则就陷入了城乡低水平发展的均衡中。成都市探索实施"三个集中"以及产业功能区建设等，重视了资源要素的集聚作用，发挥了城市的规模效应，提高了城乡经济一体化的效率；同时也降低了公共服务的提供成本，建设了一批公共服务供给水平与城市社区相当的农村社区、新型社区。在这个过程中，成都市探索实施了农村土地综合整治与城乡土地增减挂钩机制这一极为重要的改革措施。成都市系统推进田、水、路、林、村综合整治，并在国家政策允许范围内实施城乡土地增减挂钩机制，不仅创新农村土地节约集约利用机制，而且探索出农村集体建设用地在空间上位移以获取更高利用价值的实践途径。在具体实践中，成都市在整治项目投资主体的选择、节余建设用地指标的使用等重要环节引入市场竞争机制，鼓励和吸引农民集体、农户和各类社会资金投资实施农村土地综合整治。成都市的这一做法不仅为工业化、城市化筹集了极为稀缺的建设用地资源，而且通过一定的制度设计，将土地增值收益的一部分返还给农村和农民，从而为农民参与分享城市化释放出的级差地租开辟了一条全新路径。

另外，乡村不能被动地接受城市的带动，有条件的乡村要实现振兴，引导要素从城市流向乡村就显得很重要。成都市在这方面已经做了一些有益探索。目前要素从城市流向乡村的进程明显滞后于要素从乡村流向城市。从集聚走向平衡成为成都市改革探索的一条科学且可行的路径。

四、推进城乡产业深度融合发展

推进城乡产业深度融合发展即适应三次产业"裂变—跨界—融合"趋势，加快城乡产业深度融合，构建现代农业生态圈。城乡产业融合发展是加强新型城镇化产业支撑的重要途径。在新型城镇化发展理念下，单纯的城市工业产业集群或者农业产业集群都不可取，应将城市、农村、非农产业、农业作为一个整体来考虑，适应三次产业"裂变—跨界—融合"趋势，推进城乡产业深度融合。成都市立足自身超大城市的市情，利用市场对农产品供应的巨大需求，竭力挖掘农业的多功能开发潜力，通过发展"农业+"，打造农商文旅体养全产业链，发展农业新产业新业态，实现农业价值的高端化。此外，成都市以放活土地经营权为着力点，构建土地合作社、家庭农场、大园区加小业主的现代农业经营体系，探索形成"农业共营制"等模式，通过增强现代农业发展能力避免了农村产业的凋敝。

五、形成就近城镇化的城镇化空间新格局

形成就近城镇化的城镇化空间新格局即以主体功能区为统领，重视中小城市、特色镇和新型社区发展，优化新型城镇化空间布局与形态。在这个过程中，规划体系发挥了重要作用。成都市在建立城乡一体规划制度的基础上，进一步打破城乡规划的行政藩篱，建立健全"多规合一"、有机衔接的全域规划体系，全市城镇化空间格局逐渐由中心城区的单一集中式发展向全域统筹均衡发展转变。成都市以基础设施建设为重点，在推进产业发展、城市管理体制改革等方面的同时积极培育小城镇，推进重点镇向小城市转变，促进部分小城镇建设成为特色镇。在后面的探索中，成都市依托产业功能区、生态功能区和综合交通枢纽，规划形成以特色镇（街区）为中心、多个新型社区和林盘聚落环绕分布的"一心多点"网络化组团式布局，构建"多个主体功能区+特色镇（街区）+新型社区（林盘聚落）"三级城镇体系，塑造历史文脉、经济流向、绿色廊道、产业分布交互融合的空间结构，形成主体功能明确、区块有机联动、资源配置优化、

整体效能提升的城乡融合发展格局。这推动了农民向特色镇和新型农村社区就近转移，全市也由此走出了贴近中、西部地区的就近城镇化模式。

六、实施"体系一致、可自由转换"的城乡户籍和社会保障制度

实施"体系一致、可自由转换"的城乡户籍和社会保障制度即厘清户籍制度改革的本质，渐进式实现基本公共服务均等化，增强了公共资源的可流动性。成都市"体系一致、可自由转换"的城乡户籍和社会保障制度体现了以下创新：一是还原了户籍制度管理人口信息的本来面目。户籍制度改革的目标是彻底消除隐藏在其后的城乡居民福利差距和权利不平等，使农民不再是一种身份而是一种职业。二是逐步实现基本公共服务均等化。基本公共服务均等化是一个长期的过程，如果政府在一开始就对社会许愿太高、承诺过多，改革将很难实现。可行的办法是，首先努力实现各类公共服务体系上的一致、制度上全面衔接；然后根据社会承受能力设置多个档次，在长期发展过程中逐步减少、消除差异。三是建立了公共服务资源在既有通道内低成本转换的机制，赋予城乡居民更大的自主权和选择空间。在城乡二元结构体制下，进城农民以前在农村缴纳的社保带不到城里来，只能重复再缴纳参保。而在各类社会保障系统打通以后，不管以前在哪个系统内缴纳的社保，都可以按比例实现转换，实现了"钱随人走"。四是为降低我国劳动力使用成本提供了有益的启发。在"有档次之差，无身份之别，可自由转换"的社保体系下，城乡居民可依据各自的经济能力选择保险水平，增加了劳动力成本的变动弹性。

第五章　西部地区推进新型城镇化过程中的体制和政策问题的理论分析

在前面章节分析的基础上，本章将对西部地区推进新型城镇化过程中的体制和政策问题进行理论上的思考。城镇化本质上表现为集聚经济，发挥城镇的集聚与辐射作用，对破解城乡二元结构体制和政策难题至关重要。在国内外学者尤其是国内学者对我国城乡关系、城乡二元结构破解问题的研究成果中，从体制和政策视角来看，制度经济学无疑是最主要也是最重要的理论基础。然而，发挥好城镇的集聚和辐射作用、促进城乡要素双向流动尤其是畅通完善城市要素进入乡村，仅仅从制度变迁、制度作用均衡性等角度来阐释显得软弱甚至无力，还需要从制度、秩序结构与经济绩效的关系方面进一步拓展研究。具体到西部地区，我们更需要考虑其在城乡融合发展中推进新型城镇化的体制和政策探索在理论分析上的特殊性并给出相应的路径选择。

第一节　西部地区新型城镇化进程中城乡二元结构体制和政策的变迁历程及特征

城乡关系在人类经济与社会发展中居于全局性地位。中华人民共和国成立以来，基于不同时期发展战略的考量，我国形塑了不同时期的城乡关系，也由此开启了城乡二元结构体制和政策的形成及演变历程，我国城乡二元结构体制和政策的演变也表现出一些显著特征。西部地区城乡二元结构体制和政策的形成及演变不仅具有全国其他区域的一般性特征，也带有自身的一些特殊性特征，这成为认识西部地区新型城镇化进程中城乡二元结构体制和政策走向的基本依据。

一、我国城镇化进程中城乡二元结构体制和政策的变迁历程及特征

（一）我国城镇化进程中城乡二元结构体制和政策的变迁历程

1. 新中国成立至改革开放以前（1949—1978 年）

在这一阶段，我国城镇化缓慢波动发展，城乡二元结构体制和政策逐步实施并最终全面形成。新中国成立初期，我国常住人口城镇化率仅为10.64%。为了尽快摆脱贫困、实现国家富强，我国实行计划经济体制，确立了重工业优先发展和区域经济均衡发展两大战略。经过国民经济恢复（1949—1952 年）与"一五"时期（1953—1957 年），一批新兴工矿业城市开始出现，中、西部地区一些老城市（如武汉、太原和洛阳等）也进行了扩建改造，城市工业部门也由此吸纳了大批农业转移劳动力，城市数量和城市人口明显上升。1960 年底，我国常住人口城镇化率达到 19.75%，比 1949 年底提高了 9.11 个百分点，年均提高 0.83 个百分点；城市数量达到 199 个，增加了 67 个，年均增加 6 个[①]。为实现支持重工业发展的目标，我国采取农业、农村支持工业和城市发展的主导思想，以全面建立统购统销、户籍管理、人民公社三大制度为标志，逐步实施城乡二元结构体制和政策并不断扩大其作用领域和程度[②]。因此，后期受到户籍政策的严格控制，我国常住人口城镇化率有所波动，一些地级城市也降级为县级城市，一大批新设置的市退回县建制。随着"三线建设"启动，中、西部地区城市数量和城镇人口开始增加，截至 1978 年底，常住人口城镇化率为17.92%，我国完整而牢固的城乡二元结构体制和政策框架至此最终全面形成。1949—1978 年，我国常住人口城镇化率年均增加 0.25 个百分点，城镇化处于缓慢发展的探索阶段。鉴于这一时期国家发展战略的考虑及城乡二元结构体制和政策的实施，也有学者认为这一阶段仅有工业化而无城镇化。

2. 改革开放至党的十八大召开前（1979—2011 年）

在这一阶段，我国城镇化快速发展（直至达到 50% 以上），城乡二元

---

① 国家统计局. 城镇化水平不断提升 城市发展阔步前进：新中国成立 70 周年经济社会发展成就系列报告之十七 [EB/OL]. http://www.stats.gov.cn/tjsj/zxfb/201908/t20190815_1691416.html.

② 国务院发展研究中心农村部课题组. 从城乡二元到城乡一体：我国城乡二元体制的突出矛盾与未来走向 [J]. 管理世界，2014（9）：1-12.

结构体制和政策开始松动并加快破除速度。党的十一届三中全会召开后，我国决定把党的工作重心转移到现代化建设上来，并开始实行改革开放的重大战略。在改革开放初期，家庭联产承包责任制从农民的诱致性制度变迁最终上升为国家强制性制度变迁，农村生产力得到极大释放。加之市领导县体制探索启动、乡镇企业（及其园区）异军突起、户籍管理制度开始松动、城市区域经济核心地位的确立等，农村剩余劳动力加快向城市转移，我国城市数量和城市人口迅速增加，城市带动乡村的发展局面开始起步，城镇化进程进入加速发展阶段。同时，当时区域分工和非均衡发展理论流行，我国以沿海地区、城市为主体，在 20 世纪 80—90 年代逐步形成了沿海经济特区—沿海开放城市—沿海经济开放带的对外开放格局，东部沿海地区借助改革开放的大好机遇，更是加快了城镇化发展进程。

1992 年邓小平"南方谈话"发表后，我国决定建立社会主义市场经济体制，这标志着我国改革开放进入了新阶段，城市二、三产业成为吸纳农村剩余劳动力的主力。1993 年，设市标准放宽，进一步促进了城镇化发展。1994 年，我国进行了分税制财税体制改革，地方政府获得了一定的自主独立性，在政绩考核体制的影响下，强化了推动当地城镇化发展的责任和动力。到 20 世纪末，在市场经济和体制改革的共同推动下，珠三角、长三角等城市群雏形显露，城市集聚效应更加明显。2001 年，我国加入世界贸易组织，城市商业更加兴旺，市场更加繁荣，进一步激发了城镇化的发展动力。

2002 年，党的十六大报告提出科学发展观，要求"坚持大中小城市和小城镇协调发展，走中国特色的城镇化道路"，实施西部大开发、东北振兴和中部崛起等一系列发展战略，改革开放逐渐扩展至沿边、沿江和沿主要交通干线城市，城市发展的区域协调性进一步增强①。与此同时，党的十六大报告提出了"五个统筹"，其中"统筹城乡发展"位于"五个统筹"之首。党的十七大报告强调"要加强农业基础地位，走中国特色农业现代化道路，建立以工促农、以城带乡长效机制，形成城乡经济社会发展一体化新格局"。2007 年 6 月，西部地区的成都市、重庆市因为前期进行了卓有成效的探索而被设立为国家统筹城乡综合配套改革试验区。在它们的示范带动下，我国开始全面探索统筹城乡发展的体制机制，城乡二元结

①　国家统计局. 城镇化水平不断提升 城市发展阔步前进：新中国成立 70 周年经济社会发展成就系列报告之十七 ［EB/OL］. http://www.stats.gov.cn/tjsj/zxfb/201908/t20190815_1691416.html.

构体制和政策受到前所未有的冲击。国家不仅关注到了城乡制度一体化建设，而且对探索城乡要素流动畅通等深层次问题也提出了要求。如党的十七届三中全会通过的《中共中央关于推进农村改革发展若干重大问题的决定》指出，"尽快在城乡规划、产业布局、基础设施建设、公共服务一体化等方面取得突破，促进公共资源在城乡之间均衡配置、生产要素在城乡之间自由流动，推动城乡经济社会发展融合"。经过改革开放30年的高速增长，我国经济发展中积累了一些突出矛盾和问题并在2008年国际金融危机爆发和席卷全球的过程中暴露无遗。据此，我国提出了转变经济发展方式、加快经济结构战略性调整，并将加快城镇化作为转变经济发展方式的重心、扩大内需的最大潜力所在。释放城镇化拉动内需的积极作用，就越发需要突破城乡二元结构体制和政策束缚。

3. 党的十八大召开以来（2012年至今）

在这一阶段，我国城镇化提质发展，城乡二元结构体制和政策难题继续被全面系统破解。2012年，党的十八大报告提出"走中国特色新型城镇化道路"。随着第一次中央城镇化工作会议的召开（2013年）、《国家新型城镇化规划（2014—2020年）》的印发（2014年）和中央城市工作会议的召开（2015年），我国新型城镇化进入深入实施阶段。党的十八大报告也指出，"城乡发展一体化是解决'三农'问题的根本途径"以及"加快完善城乡发展一体化体制机制，着力在城乡规划、基础设施、公共服务等方面推进一体化，促进城乡要素平等交换和公共资源均衡配置，形成以工促农、以城带乡、工农互惠、城乡一体的新型工农、城乡关系"。为积极推动新型城镇化建设，我国开展了新型城镇化改革试点，户籍、土地、财政、教育、就业、医保和住房等领域配套改革相继出台，加快了农业转移人口市民化进程。

党的十九大报告提出实施乡村振兴战略，并要求健全和完善城乡融合发展的体制机制和政策体系。为全面建成社会主义现代化强国、实现第二个百年奋斗目标，党的二十大报告要求"全面推进乡村振兴"和"推进以人为核心的新型城镇化，加快农业转移人口市民化"。现代化最终是人的现代化。走城乡融合的新型城镇化道路是我国全面建成社会主义现代化强国的应有之义，我国城乡二元结构体制和政策难题进入了被全面系统破解阶段。截至2021年底，常住人口城镇化率比2011年提高了8.31个百分点，年均提高1.19个百分点；户籍人口城镇化率达到43.37%，比2015年提高了 3.47 个百分点，年均提高 1.16 个百分点。

（二）我国城镇化进程中城乡二元结构体制和政策变迁的特征

1. 城乡二元结构体制和政策变迁循序渐进

从城乡二元结构体制和政策难题的形成和之后的破解进程来看，城乡二元结构体制和政策变迁都体现了循序渐进的原则。从新中国成立到 1978 年改革开放前，我国用了整整 30 年的时间形成了完整而牢固的城乡二元结构体制和政策。改革开放以来尤其是党的十六大以来，我国逐步深入破解城乡二元结构体制和政策难题，中央政策的提法先后经历了"统筹城乡发展""城乡经济社会发展新格局""城乡发展一体化"和"城乡融合发展"的变化。这一方面说明城乡二元结构体制和政策破解问题较为复杂和棘手，从认识和实践上都需要逐步深入，不可能一蹴而就；另一方面也体现了我国以人为本的理念、最大限度维护社会和谐稳定的基本出发点，从而在很大程度上有效避免了对社会可能造成的一些不良影响。

2. 城乡二元结构体制和政策的变迁受国家重大战略影响

新中国成立至改革开放前，我国实行了计划经济体制，同时实施重工业优先发展和区域均衡发展两大战略，由此城乡制度逐步做出回应，最终形成了完整而牢固的城乡二元结构体制和政策。改革开放后，我国经济发展战略转移到现代化建设上来，加上提出建设社会主义市场经济体制，由此我国城乡二元结构体制和政策变迁就处于计划经济向社会主义市场经济以及从不发达的社会主义经济体制向较为发达的社会主义市场经济体制过渡的社会语境之中。其间，分税制财税体制改革、领导干部政绩考核体制等也作用于其中，进一步加深了对城乡二元结构体制和政策变迁的影响，破解城乡二元结构体制和政策难题也受到更多因素制约。

3. 城乡二元制度的形成及变迁具有不平衡性

尽管城乡二元制度是一整套制度体系，彼此之间牵绊嵌套，但各项制度的形成及变迁进展并不一致。最为明显的是，从城乡二元制度形成上看，我国较早地实施了户籍管理制度，掐断了人口自由迁徙的途径。但在改革开放后，在破解城乡二元制度难题的很长时期内，我国土地城镇化的进程明显快于土地要素城镇化的进程。如 1982 年《中华人民共和国宪法》规定城市土地属于国家所有、农村土地属于集体所有；1986 年正式通过的《中华人民共和国土地管理法》规定，"任何单位和个人进行建设，需要使用土地的，必须依法申请国有土地"。这实际上建立了城乡二元的土地制度，驱使地方政府在城镇化发展中为了大力招商引资而不断出让土地。受对人口自由迁徙权利重视不够、户籍制度改革滞后等影响，我国农业转移人口市民化进程迟缓，而土地城镇化进程则要快得多。

4. 城乡二元制度之间牵绊明显

从形成上看，城乡二元制度是一整套制度体系，单个制度之间互为条件、互为辅助、互为牵制。因此，破解城乡二元结构体制和政策难题牵一发而动全身，不可能单兵突进，一项制度的改革需要配套制度的跟进。这也是城乡二元结构体制和政策难题破解难度大的主要原因之一。

5. 城乡二元结构体制和政策变迁具有区域差异性

我国不同区域城乡二元结构体制和政策的形成与变迁具有不同特征。重工业优先发展和区域均衡发展战略开启了西部地区的工业化、城镇化进程，后因城乡二元结构体制和政策的逐步施加，西部地区农村凋敝、贫困面貌更为深刻。改革开放以来，东部地区因为经济较为发达，明显感受到了城乡二元结构体制和政策对经济与社会发展的制约，因此最早提出了"城乡一体化"；为了改变贫穷落后面目，西部地区在农业农村改革方面并不落后甚至某些探索还走在了全国的前面。

二、西部地区新型城镇化进程中城乡二元结构体制和政策的变迁历程及特征

（一）西部地区新型城镇化进程中城乡二元结构体制和政策的变迁历程

1. 新中国成立至改革开放以前（1949—1978 年）

重工业优先发展和区域经济均衡发展战略加快了西部地区的工业化进程，并开启了以工业化带动城镇化发展的进程，缩短了与东部地区城镇化发展的差距。国家在短暂的国民经济恢复后开始实施"一五"计划，集中力量建设苏联援建的 156 个工业项目。受备战因素考虑，西北地区是这批工业化建设的三大重点布局区域之一，西部地区由此兴起了一批资源型城市，成都、西安、兰州等城市的工业优势也得到强化，在农村人口被招工的同时，国家组织和动员内地人口迁往西部地区支援国家建设。1949—1957 年，西部地区城市数量由 23 个上升为 51 个，占全国城市总量的比例由 17.4%增加到 29%。1964 年，国家开始进行"三线建设"，云、贵、川、陕、甘、宁、青进入国家"大三线"建设范围，西部地区获得的建设投资力度进一步加大。第三个五年计划（1963—1967 年）期间，全国基建

投资 976 亿元，其中，西部地区占该项投资总额的 34.9%，分别高于东部沿海和中部地区 8.6 个百分点和 5.1 个百分点，西部地区较快地形成了一批专业化程度较高的重化工行业。同样是出于备战考虑，这批工业投资建设按"山、散、洞"原则布局，客观上有利于改变西部地区尤其是西部落后地区的面貌，但也造成工业化与城镇化发展不协调、城镇综合服务水平较低。1971—1972 年，"三线建设"继续对大西南、大西北地区进行开发建设，西部地区尤其是西南地区的地方工业得到较大发展，交通和通信设施有了较大改进。1962—1978 年，全国城镇化率由 16.75% 下降到15.82%，东部地区由 19.47% 下降到 17.04%，而西部地区却从 11.94% 上升到 13.69%。1952—1978 年，以非农业人口占总人口比重衡量的城镇化率来看，东、西部地区城镇化率差距由 10.74 个百分点减少到 3.35 个百分点。可以说，在这一时期，西部地区补上了工业化的课，城镇化开始起步并面对与东部地区相对公平的体制和政策环境。

城乡二元结构体制和政策的逐步实施及最终全面确立使西部地区陷入了城乡隔绝、经济与社会凋敝、农业生产极大退步、农民生活艰难的困境。在新中国成立初期，全国土地改革使土地成为农民的私有财产，再加上大批军人复原或进入城市，西部地区农村和城市人口数量都有所上升，虽然城乡经济发展水平均落后于全国平均水平，但城乡关系相对自由开放，人口可以在城乡之间自由流动。随着 1958 年人民公社制度确立以及随后户籍制度、农产品统购统销制度的配套实施，1960 年国家调整了建制镇人口标准并压缩城市人口数量和遣送到城市的农村人口等，西部地区城镇化率不仅没有下降反而缓慢上升，但城镇人口数量却在下降。城乡人口的流动通道至此被封闭，原本就相对落后的农村因集体生产而调动不起农民的积极性，贫困与饥饿相伴。穷则变，变则通，通则久，西部地区农村改革的思想和力量正在酝酿。

2. 改革开放至党的十八大召开前（1979—2011 年）

在改革开放初期，农村改革已经悄然在西部地区的个别地区发生，如1978 年 1 月，四川广汉就成为全国最早实行家庭联产承包责任制的地区之一。1978 年 8 月，它又进行了人民公社体制改革试点。随着国家对农村家庭联产承包责任制的充分肯定和支持，西部地区农村生产方式得到重大变革，使农民与土地再次联系起来，极大地释放了西部地区农业生产力。同时，人民公社制度被废除、农产品流通进行市场化改革和城镇户籍制度不断推进，农民开始向乡镇企业和中心城镇转移，小城镇成为西部地区新型城镇化的主体空间形态，农村工业化开始起步发展。随着全国经济体制改革重点转移到城市，西部地区也加快了改革探索的步伐。1983 年，四川省率先探索城市经济体制改革，中央批准重庆获批成为全国第一个实行经济体制综合改革试点的大城市。与此同时，东部沿海地区面临着承接国外产业转移的难得机遇，西部地区农村转移劳动力开始涌向东部大中城市，在支持东部地区城市建设的同时，也形成了自身农村人口输出而非产业发展支撑的城镇化模式，国家城镇化发展的重心开始转向东部地区，东、西部城镇化发展差距开始拉大。

1992 年邓小平"南方谈话"发表后，我国决定建立社会主义市场经济体制，这对东、西部城镇化发展产生了至关重要的影响。在市场理念和规律引导下，东部地区大力发挥民营经济优势，从而大大增强了城镇化发展中市场的作用，同时企业、公众的参与性也较强，城镇化逐步进入了市场主导、内生驱动的轨道。西部地区的中央企业、其他国有企业等公有制经济比重大，积重难返，市场经济意识薄弱，市场经济作用发挥有限，政府主导作用较为明显。在政绩考核体制的激励下，1994 年，我国分税制财税体制改革进一步增强了西部地区地方政府推进城镇化的责任和动力，城乡二元的土地制度加剧了西部地区地方政府在招商引资方面的竞争，更增添了西部地区新型城镇化由政府主导的色彩。以非农就业人口比重来看，1980—1999年，东、西部地区城镇化率差距由 4.21 个百分点上升到 9.98 个百分点。

进入 21 世纪以来，西部开大发战略必然要求城市在引领西部地区经济与社会发展中发挥重要作用，以点带面，形成辐射力、带动力大的经济带，西部地区新型城镇化由此进入了新的发展阶段，东、西部城镇化差距开始缩小。自党的十六大报告提出"统筹城乡发展"以来，西部地区的成都市、重庆市通过着力破解城乡二元结构、解决"三农"问题加快城镇化进程并取得了虽然初步但比较显著的成效。西部地区其他区域也在积极借鉴成、渝两市经验，探索统筹城乡发展路径。

3. 党的十八大召开以来（2012 年至今）

党的十八大召开以来，随着新型城镇化战略的提出及深入实施，西部地区新型城镇化发展面临着水平和质量"双提升"重任，西部地区同时成为国家新常态下"稳增长、调结构、保民生、促转型"的"最大回旋余地"。破解城乡二元结构体制和政策难题成为西部地区新型城镇化水平和质量"双提升"的重要任务。按照党的十九大报告提出实施乡村振兴战略、健全完善城乡融合发展的体制机制和政策要求，2019 年 12 月，国家批复的 11 个城乡融合发展试验区中，西部地区有 3 个（四川成都西部片区、重庆西部片区和陕西西咸接合片区）。

（二）西部地区新型城镇化进程中城乡二元结构体制和政策变迁的特征

1. 受国家重大战略的影响和驱动更为明显

从全国来看，我国城镇化进程中城乡二元结构体制和政策变迁受到国家重大战略影响，西部地区在这个方面体现得更为明显和深刻。新中国成立之初，重工业优先发展和区域均衡发展两大战略开启了西部地区工业化、城镇化的进程；社会主义市场经济体制建立、区域非均衡发展战略实施造就了西部地区以农业转移人口流向东部地区的城镇化模式，西部地区城乡二元结构体制和政策难题破解也面临了一些机遇。更为重要的是，相对于东部地区来讲，西部地区作为我国广袤的经济腹地，始终是我国经济与社会发展的"最大回旋余地"，而这其中体制和政策创新就是最重要的动力来源之一。

2. 政府主导作用较强

实行改革开放以前，在计划经济体制下，西部地区新型城镇化和其他区域一样完全由政府主导、行政控制，这使城乡二元结构体制和政策得以全面实施和固化。实行改革开放后，随着社会主义市场经济体制框架的逐步建立及其完善，政府逐步从一些实施行政管控的领域退出，东部地区城镇化发挥了市场在资源配置中的决定性作用，形成了市场主导的特征。西部地区因为公有制经济比重大、20 世纪 80 年代初国家区域非均衡发展战略的实施等而使城镇化进程中市场作用的发挥不足，形成了政府主导的特色。同时，在西部地区，越是欠发达的地区，其城镇化进程中政府主导作用就越强大。

3. 探索城乡融合发展的动力强劲

西部地区城乡经济与社会欠发达、农村贫困特征显著，受城乡二元结构体制和政策制约更为明显和严重，这就更加需要在新型城镇化进程中探索城乡融合发展的体制和政策。实践证明，西部地区探索城乡融合发展的意愿和动力都更为强烈，某一点的制度突破就有可能会产生裂变效应，成、渝国家统筹城乡综合配套改革试验区、国家城乡融合发展试验区的设立等都很好地佐证了这一点。

第二节　西部地区城乡融合发展的新型城镇化制度特征及未来趋势

城乡融合发展不仅适应了当前我国城乡互动和协调发展的趋势，也从根本上改变了传统城镇化发展模式，有助于推进中国式现代化的全面实现。城乡融合发展的新型城镇化在要素配置、产业发展、空间形态、公共政策等方面具有显著特征，同时也表现出一些未来趋势，从而对破解城乡二元结构体制和政策难题也提出了新的方向与要求。

一、西部地区城乡融合发展的新型城镇化制度特征

（一）城乡要素平等交换与合理配置

我国传统城镇化发展模式是在城乡资源配置效率存在差异的情形下，吸引劳动力、资金、土地等要素从乡村流向城市，支持城市尤其是大城市发展。改革开放以来，我国很快放开农村产品市场，实现了城乡产品市场一体化，但至今尚未实现城乡要素市场一体化。城乡产品市场一体化必然要求城乡要素市场一体化。近年来，生产要素在城乡之间的双向配置与互动不断增强，如资本下乡的速度和规模在增加，劳动力从完全向沿海流动转向一定比例向内地回流，乡村经济活动变化带来建设用地需求增加[①]。城乡要素平等交换与合理配置赋予乡村与城市平等的发展权利，增加了乡村居民收入，提高了其消费水平，正在逐步使城镇化模式从单纯的由乡到城转变为城乡互动共融。城乡互动趋势客观上也要求乡村适度向城市居民开放。

（二）基本公共服务均等化

基本公共服务均等化是体现新型城镇化"以人为本"内涵极其重要的一个方面。国际经验表明，任由乡村衰败的城镇化道路不可取，必将付出巨大的成本。即使我国城镇化率已达到很高水平，仍有约3亿人口生活在乡村，"衰而未亡"是大部分乡村的状态。降低乡村"衰"的程度就得推进城乡基本公共服务均等化。当然，为了降低乡村基本公共服务提供的成

---

①　刘守英，王一鸽. 从乡土中国到城乡中国：中国转型的乡村变迁视角 [J]. 管理世界，2018（10）：128-146，232.

本，乡村可以适当集聚，如扩大基本公共服务提供半径等。对于转移到城镇但并未落户的农业人口来讲，城镇基本公共服务要做到常住人口全覆盖；对于留在乡村的人口来讲，城乡基本公共服务应该均等化。不论针对以上两个群体中的任何一个，解决公共服务问题的理念都是城乡融合，最终做到均等化。自实施统筹城乡发展战略以来，基本公共服务均等化是我国破解城乡二元结构体制和政策难题进展最快、成效最大的领域，而基础设施和公共服务差距大也是现阶段城乡差距最大最直观的体现。城乡融合发展的新型城镇化致力于解决城乡基本公共服务均等化。

（三）城乡空间交相辉映

随着城乡基础设施共建共享、互联互通，尤其是重要市政公用设施向城市郊区乡村和规模较大的中心镇延伸，城乡空间被越来越紧密地联系在一起，空间之间的相互作用也大大增强。由此，大城市、城镇与乡村之间不仅发挥各自的比较优势，而且出现功能和形态上的融合。大城市因为集聚、创新、活力等优势，继续集聚生产要素，并发展成一定规模的都市圈或城市群。乡村也呈现出分化发展的特点，有些乡村将在城乡互动中实现振兴，有些靠近大城市郊区的县城或镇因承担产业转移等功能，而发展成为城乡之间的驿站或过渡地带。与此同时，一些特色小镇、特色村镇兴起，成为城乡融合发展、乡村振兴的现实载体。此外，因三次产业融合项目在乡村布局、数字经济发展等而出现的产业集聚区、淘宝村等形态，其日后在乡村地区扮演的功能还有待观察。

（四）城乡产业合理布局、分工协作发展

无论统筹城乡发展、城乡发展一体化还是城乡融合发展，都绝不是城乡一样化、城乡同质化。随着城乡互动的增强，大城市、城镇与乡村的产业布局更加合理，产业分工更加明确，这是由城乡各自的产业比较优势决定的。城市与乡村的产业业态分布不同，大城市因为集聚经济发展，产业倾向于多样化，而中小城市倾向于专业化分工，发展专业化要求高的产业。乡村产业发展又是与农业功能由窄而宽、向多功能农业转变，以及农业通过与二、三产业的融合，在消费革命的背景下实现农业现代化的方向密切相连①。

---

① 刘守英，王一鸽. 从乡土中国到城乡中国：中国转型的乡村变迁视角 [J]. 管理世界，2018（10）：128-146，232.

（五）城市文明与乡村文明共融共生

传统城镇化实践表明，人们对城市文明与乡村文明的认识存在偏差，即认为城市文明就是先进的，乡村文明就是落后的，两个文明的此长彼消就能实现现代化。但这一认识不仅没有消灭乡村文明，城市文明也出现了大量问题，于是人们不由地主动到乡下去寻找乡村文明的慰藉，城市文明开始呼唤乡村文明。城市文明与乡村文明只是两种不同的文明形态，不存在谁优谁劣，而是相互需要、互为补充的关系，实现两种文明的共荣共生是为了实现城乡共融共赢发展。在实践中，一些区域没有简单地移植城市要素，而是充分利用农村文化传承和乡村风貌，从而保持了农村不同于城市的独有吸引力，实现了农民生产与生活方式的同步转变。

（六）城乡居民收入均衡化

城乡生活成本不一样，不能只以收入水平来衡量城乡居民收入差距。城乡融合发展的新型城镇化，一方面通过在城镇创造更多的工作岗位，吸纳农业转移人口实现就业，并使他们有可能利用城市的教育条件提升自身人力资本；另一方面推动农业土地规模化经营，从而提高农业生产经营的收益、增加从业者的收入，即它能同时提升城乡劳动者的收入水平。此外，城乡融合发展的新型城镇化还通过体制机制创新，推动城乡劳动者平等就业、同工同酬，使城乡居民收入水平仅受行业生产率影响，趋于均衡化。

二、西部地区城乡融合发展的新型城镇化制度的未来趋势

（一）保护农业农村农民利益

改革开放前，我国实施城乡二元结构体制和政策，固然有国家重大战略部署的考虑，但牺牲了农业农村农民的利益，尤其是使农业农村农民失去了与城市平等发展的权利。改革开放以后尤其是进入 21 世纪以来，无论是最初的统筹城乡发展还是当前的城乡融合发展战略的实施，都坚持和强调最大限度保障农业农村农民利益，如不仅不强迫农民放弃自己在农村的农用地承包权、宅基地使用权等，还要求城镇基本公共服务要对常住人口全覆盖。此外，近年改革探索实践更是强化了这种趋势，城乡融合发展的新型城镇化对农民的福利偏向更加明显。

（二）高度重视农业转移人口市民化问题

在我国城乡二元结构体制和政策变迁的过程中，人口城镇化进程慢于

土地城镇化进程。西部地区的城市中存在大量长期居住其中并有能力落户的农业转移人口。为了优先把这部分进城时间长、就业能力强、可以适应城镇产业转型升级和市场竞争环境的流动人口转为城镇居民，"引导约 1 亿人在中西部地区就近城镇化"成为我国要解决的"三个 1 亿人"目标的重要内容之一。《国家新型城镇化规划（2014—2020 年）》也把农业转移人口市民化列为首要任务之一。但我国推进农业转移人口市民化坚持自愿、分类、有序，优先解决存量，有序引导增量，既不是人为大幅度吸引新的人口进城，也不是一哄而上地来解决总量问题。

（三）城乡之间日益扩大开放范围

改革开放以来，城乡二元结构体制和政策最早在农村人口向城市迁徙方面放宽了条件；随后农村土地通过改变性质变为国有土地，再经过征地也源源不断地流向城市，资金更是在城乡收益报酬差异下被城市抽走。所以，当前农村要素流向城市的藩篱已被全部打破，需要重点解决的是农民市民化的问题，即农业转移人口享受城镇基本公共服务的问题。与此同时，虽然要素从城市流向乡村的进程目前相对滞后，但也在不断探索，如乡村振兴中返乡"新农人"的出现等。城乡之间日益扩大开放范围是近年来城乡融合发展取得明显成效的最为关键的原因，其实质是发展权利持续向农业、农村、农民开放，同时这作为前期探索的路径依赖，也必然要求乡村逐步适度向城市居民开放，切实提升城乡融合发展水平。

（四）改革探索坚持系统推进

系统观念是一种整体观念、全局观念。城乡二元制度相互影响、相互作用、相互嵌套，牵一发而动全身，在新型城镇化进程中破解城乡二元结构体制和政策难题必须树立系统思维，做好整体谋划，集成推进改革项目，加强各项制度改革创新之间的协调配套，形成上下联动、部门协同推进改革的强大合力，最大限度地释放改革的综合效应。

（五）实施区域间的差异化探索路径

东、西部地区城乡二元结构体制和政策难题表现出不同特征，其破解路径也有所不同。诚然，两个区域新型城镇化探索城乡融合发展的体制机制和政策体系都面临着"人、地、钱"问题，但受人口不能自由流动等制约，东部地区在某些方面面临的压力和任务甚至重于西部地区。此外，虽然西部地区整体发展水平低于东部地区，但这并不意味着其改革探索的动力就弱。就西部地区内部来看，从主体功能区角度讲，不同区域的探索路径也有差异。

第三节　西部地区新型城镇化实现城乡融合发展的理论机理及其实践意蕴

我们已经从制度变迁的角度分析了西部地区新型城镇化过程中城乡二元结构体制和政策变迁历程及特征，以及城乡融合发展的新型城镇化制度特征及未来趋势，厘清这些基本问题为我们思考西部地区在推进新型城镇化进程中破解城乡二元结构体制和政策难题做了一般理论意义上的铺垫。下面我们将进一步探究西部地区推进新型城镇化过程中体制和政策创新的理论机理。

一、西部地区新型城镇化实现城乡融合发展的理论机理

（一）在集聚中走向平衡：我国新型城镇化实现城乡融合发展的可行路径

一般来讲，城镇化强调产业和人口在城镇的空间集聚，要追求经济效率，而城乡融合发展则要求城乡发展权利的平等，注重的是城乡发展中的公平问题。效率与公平难以兼顾，所以城镇化与城乡融合发展存在相互冲突的一面。西方发达国家的经验也印证了这一点。西方发达国家基本上都是充分发挥市场机制的作用，快速推进工业化、城镇化进程，此时城乡关系表现为乡村支持城市发展，绝大多数乡村的发展不可避免地陷入衰落甚至凋敝状态；实现工业化、城镇化后，一方面城市及城市群发展进入以扩散为主的阶段，另一方面政府也开始重视城乡基本公共服务等方面的差距，由于人口少、土地资源多，最终实现了城乡一体化发展。简言之，从理论角度讲，西方发达国家处理城镇化与城乡一体化问题主要立足于区域经济发展中集聚与扩散这一重要规律，走了一条"先集聚，后扩散"的道路。集聚与扩散是区域经济学、城市经济学中重要的概念与规律。区域经济发展一般都要经历前集聚居主导、后扩散居主导这两个阶段。在区域经济发展初期，在比较收益等因素影响下，劳动力、资金、技术等各种生产要素都向城市集中，城市由此优先发展起来，成为区域的中心，这时区域经济发展表现出集聚居主导的特征。虽然城市发展也会产生扩散作用，但周边地区经济发展因生产要素不断流出而变得缓慢，成为区域的外围地区，城市及其周边就形成了"中心—外围"结构。当区域经济发展到一定

程度，随着各种生产要素不断向城市集聚，城市的劳动力和土地价格逐渐变高，劳动力、资金、技术等生产要素开始流向周边地区，这时区域经济发展表现出扩散居主导的特征。于是，周边地区又形成了"中心—外围"结构，若干个不同等级的"中心"和它们辐射带动的周边区域就形成了多"中心—外围"结构。由此，在新的增长极梯度发展的过程中，以前的周边地区有可能成为新的区域中心，得到较快发展的机会，逐渐与先前的增长极实现城乡一体、区域一体发展。可见，集聚与扩散不是完全独立的两个过程，而是集聚中有扩散、扩散中有集聚。当前，我国超大城市、特大城市以及大城市正在引领区域经济发展，这说明它们的集聚效应还很强劲，远远没有达到扩散居主导的阶段，而且其集聚水平也远低于一些发达国家的同类水平。

应注意的问题是，我国是发展中国家，工业化、城镇化发展水平仍不高，实现工业化、城镇化还需要付出很大努力，同步推进城乡融合发展是否具有可行性？换言之，我国新型城镇化进程中实现城乡融合发展是否有着不同于西方发达国家的特殊路径？抑或是否存在城镇化与城乡融合发展并行不悖的可行路径？这就很有必要正确认识集聚在城乡一体化、区域一体化发展中的作用了。诚然，集聚带来了"中心—外围"区域经济发展的不平衡，但这不是唯一的效果。当经济发展达到某个临界点时，集聚还会使区域内居民收入逐步趋同，即多数居民可以通过流动在中心区定居，获得相应的就业机会，从而分享中心区发展成果，而外围区会因为人口向区外流动，取得更大的发展空间[1]。破解城乡二元结构体制和政策难题的出发点，并不是直接指向缩小城乡差距、区域差距，而最根本的是促进劳动力等生产要素在城乡、区域之间自由流动，壮大城市集聚经济，从而促进城镇化进程。即推动城镇化进程是破解城乡二元结构体制和政策难题的根本目的和直接指向，缩小城乡差距、区域差距是由此产生的副效果。成都市探索新型城镇化道路的实践正好也印证了这一点。坚持城乡融合发展的新型城镇化道路也是为了实现城乡的双赢发展，否则就会同时产生"城市病"和"乡村病"。国内已有学者提出了在这方面的真知灼见，认为我国经济发展存在着城乡和区域协调发展的"第三条道路"——在集聚中走向

---

[1] 陈健生，李文宇. 产业集聚、本地市场效应与区域发展：以成都经济区为例 [J]. 经济学家，2012（2）：38-44.

平衡。在这条道路上，经济集聚与区域平衡不矛盾，城乡融合与城市发展不矛盾，社会和谐与经济增长也不矛盾①。因此，政策制定所要关注的重点是充分给予并保障人口从乡村、落后区域流向城市、发达地区的权利，一方面解决好他们在乡村的农村承包地、宅基地等权益，另一方面要落实完善财政转移支付与农业转移人口市民化挂钩政策等，为区域内的居民提供均等化的基本公共服务，使全体居民公平地享受经济发展的成果。

大量实践证明，"在集聚中走向平衡"的路径可以使城镇化推进与城乡融合发展并行不悖，即使是欠发达的地区在工业化、城镇化水平较低的情况下，也可以探索城乡融合发展的道路。西部地区不少区域处于工业化初期、城镇化进程缓慢，但还是有一些地区甚至是一些地处偏远的县（市、区），并未因此止步于对城乡融合发展的实践探索，反倒初步走出了经济发达、城乡一体、社会和谐、天蓝地绿的新型城镇化路子。这也正好印证了"在集聚中走向平衡"这条路径对西部地区新型城镇化实现城乡融合发展的可行性和适用性。

（二）持续的权利开放：城乡要素自由有序流动的关键支撑

如果接受或选择了"在集聚中走向平衡"这条城镇化进程中实现城乡融合发展的路径，那么城乡要素能够自由有序流动就是其中最为重要的前提条件。在当前的我国新型城镇化推进中，要素在城乡之间的流动状况并不平衡。改革开放以来，随着农村家庭联产承包责任制的实行、沿海地区加快对外开放等，劳动力等要素源源不断地从乡村流向城市，尽管要解决城镇基本公共服务常住人口全覆盖等问题，但这个方向的要素流动不存在任何障碍或限制。随着我国城乡互动加深、乡村生态等资源价值显现等，优质人才等要素具有从城市流向乡村的现实需求，但这一过程并不顺畅，尤其是涉及项目用地等问题时。究其原因，这其中既有投入、体制机制改革等方面的因素，也有一些主观原因，如认为乡村扩大开放范围会带来整个社会的不稳定，向农民工提供基本公共服务等会损害城市居民的利益等。其实，这就涉及权利秩序问题。

根据本书第一章对体制、制度概念内涵的界定，体制是大的制度，不是小的制度，体制由各项具体制度组成，各项具体制度之间的衔接、互动

---

① 陆铭，陈钊. 在集聚中走向平衡：城乡和区域协调发展的"第三条道路"[J]. 世界经济，2008（8）：57-61.

就是体制运行的过程。城乡二元结构体制和政策诞生于我国计划经济时代，经济与社会发展处于计划经济体制下是当时整个国家的大体制特征。我国于20世纪90年代初提出建立社会主义市场经济体制，整个社会处于体制转型中就是改革开放至今我国大的体制特征，当前城镇化推进、城乡融合发展也都处于这一大的体制特征之下。从这个意义上讲，社会主义市场经济体制是大制度，城乡二元结构体制和政策是中制度，而城乡二元的土地、社会保障、金融、户籍等是具体的小制度。我们不能就城乡二元结构体制谈城乡二元结构体制，而要分析我国整个社会的体制特征，尤其是整个社会的体制秩序特征。

制度经济学的重大贡献之一，便是指出了在影响整个经济绩效的重大因素中，制度起着决定性作用。为了使制度经济学研究走向成熟，能够融合进新古典经济学的选择理论研究范式，诺思将制度界定为"一个社会的游戏规则"，出于涵盖更广的制度范围的目的，他把非正式规则（习俗、文化等）也一并纳入分析框架。可见，在将制度经济学纳入新古典经济学的过程中，制度的概念变小了，是某一项小制度规范对人的选择行为的影响，造成了制度之间联系的割裂，无法关注体制运行的整体性。近年来，诺思等将社会及制度变迁理论进一步拓展到对社会秩序的研究上，指出秩序是发展的核心问题，并且主要讨论了两种类型的秩序即权利限制型的秩序和权利开放型的秩序。他们认为，现代社会的重要特征是权利开放的社会秩序（open access social order），在其中，社会游戏规则对全体公民一视同仁，任何公民都可以组建法人组织、面对同样的法律政策①。

日本著名经济学家青木昌彦教授试图用博弈论将不同领域的制度统一在一个框架之下，不同制度相互影响、相互依存。制度安排的复杂性和多样性形成多重均衡，最终社会系统处于稳定状态。青木教授的比较制度分析虽然已经注意到了一个社会中存在的各种不同制度，但更多的是讨论它们之间的博弈均衡，并未讨论体制特性本身，同时制度之间的互动问题也没有进一步展开。综合来看，从道格拉斯·诺思到青木教授，整个制度经济学对体制问题的研究已经从小制度讨论到了中制度，但都不是整体性的大制度。

社会主义国家为了谋求落后国家的现代化，通过建立一整套体制及其

---

① 刘守英，路乾. 产权安排与保护：现代秩序的基础 [J]. 学术月刊，2017（5）：40-47.

秩序结构来实现经济赶超和政治竞赛。这与成功转型国家精英秩序下的结构、逻辑有很大不同。它是一个整体性体制，以及跟整个整体体制相配套的秩序结构。这里的体制是政治架构、意识形态、财产关系、经济监管、信息流动和微观机制的集合。秩序结构是维持体制运行与变革的政治与经济互动方式、意识形态控制、体制调适尺度等。这种类型的秩序称为体制秩序。新中国成立初期，我国整体性地建立了计划经济体制，相应地在所有制、宏观管理、要素配置、经营体制等方面都表现出体制特色，同时这个整体性体制也在不断地调适，保证了秩序的维系。改革开放后，我国通过向企业、地方等放权让利，逐步建立权利开放的体制框架与秩序结构。可以讲，我们改革开放取得的成果都是持续的权利开放的结果，城乡要素自由流动同样要处理好权利开放和秩序结构问题。

二、西部地区新型城镇化实现城乡融合发展的理论分析下的实践意蕴

（一）加快集聚经济的发展

要破解要素和产业空间配置分散的难题。人口和非农产业在城镇的集聚是城镇化的核心要义。西部地区新型城镇化制度创新同样要牢牢把握和处理好这一问题，不仅要通过产业的适度集中集聚实现产业在城乡之间的优化布局，也要在大、中、小城市之间形成产业的前后向关联效应，发展产业集群，以产业链的合理分工引导人口在大、中、小城市之间合理流动，促进公共服务资源在大、中、小城市之间均衡配置。在空间形态上，在有条件的地方要大力发展都市圈、城市群，引领区域经济高质量发展，加强农业多功能开发和乡村文化传承。

（二）以权利下放、秩序结构建构为核心，促进城乡要素自由流动

城乡二元结构体制和政策变迁的特征和趋势都表明，城乡之间开放范围的日益扩大是关键，大的社会体制特征也说明改革的本质就是持续的权利开放，不可能走回头路。但在这个过程中，要处理好秩序结构问题，既要经济体制效率，也要秩序结构创新，保持社会稳定。

（三）发挥市场主导、政府引导的作用

城镇与乡村的协调发展，大、中、小城市的协调发展，都需要发挥市场主导、政府引导的作用。单纯注重市场机制的作用，将带来市场失灵现象，单纯强调政府主导作用，也会给新型城镇化推进带来很大风险。针对西部地区政府主导力量过大的实际，西部地区更应该遵循城镇化发展的自

然规律，将城镇化发展的主导力量还给市场，政府逐渐在一些本不该占据的领域退出，并进一步加大政绩考核体制、城市行政管理制度等的改革创新。

（四）自我积累与国家政策扶持相结合

西部地区推进新型城镇化面临着城镇化水平和质量双提升的重任。西部地区新型城镇化发展关系到全国新型城镇化战略的顺利实施。西部地区既需要发挥主观能动性，积极探索和积累，与全国欠发达地区新型城镇化的推进共享宝贵经验，也不能封闭式缓慢推进，还需要国家的大力支持，如基础设施建设等重大城镇化项目布局倾斜、赋予更多改革探索权限、农村基本公共服务投入力度加大等。

（五）给予更多的试验改革权限

西部地区改革探索需求旺盛、改革动力更强，为此应该给予更多的试验改革权限，最终通过自下而上与自上而下相结合的方式实现制度创新。对于改革中的重大问题或人们反映较多的重要问题，由基层组织讨论，任命敢于负责的领导人，先拿出倾向性的意见，然后再走集体决策的程序，考虑有没有解不开的死结，如果没有，再责成有关机构组织试点，看想法能不能成为可操作的经验，最后再根据实际试点情况，经地方和国家层面确认为法规、制度或政策等①。

① 周其仁. 城乡中国 ［M］. 修订版. 北京：中信出版社，2022：111-113.

第六章 西部地区新型城镇化空间形态优化研究

合理的空间形态是西部地区推进新型城镇化的重要载体和现实依托。随着西部地区城镇化率的持续提升、新经济产业的迅速发展以及就地城镇化模式的吸引力增强等，西部地区新型城镇化空间形态也面临着重塑、调适以及优化问题。与此同时，国家《"十四五"新型城镇化实施方案》《中华人民共和国国民经济和社会发展第十四个五年规划和二〇三五年远景目标纲要》也为西部地区优化新型城镇化空间格局提供了方向和依据。因此，在认清当前城镇化空间格局特征及未来动向的基础上，西部地区应平衡好集聚与扩散的关系，加大改革创新力度，形成大、中、小城市和小城镇协调发展，城乡融合的新型城镇化空间形态。

第一节 西部地区新型城镇化空间形态现状及影响因素分析

进入新时代，我国加速构建完善"两横三纵"的城镇化空间格局，轴线上城市群（都市圈）、节点城市辐射带动效应持续显露，日益成为全国经济布局的主骨架。西部地区新型城镇化空间形态也呈现出较为明显的特征，并且在人口、产业、交通、生态等因素影响下出现了一些新趋势或新动向。

一、西部地区新型城镇化空间形态现状

（一）"两横三纵"轴带中部与西部地区经济、人口集聚效应仍有待提升，西部陆海新通道有望成为有益补充

"两横三纵"五条经济带总共由179个城市（地区）组成，总面积270.41万平方千米，覆盖了我国陆地面积的28.17%，2020年，其经济总量达105.75万亿元，是全国的1.04倍[①]；常住人口规模达到10.88亿人，占全国总人口的77.62%，经济总量占比高于常住人口规模占比26.48个百分点。但从发展趋势上看，2012—2020年，"两横三纵"五条经济带经济总量占比从109.7%降至104.1%，年均下降0.7个百分点；而人口规模占比则不断上升，从73.16%提升至77.62%，年均增加0.56个百分点，总量上增加了1亿人。由此可见，"两横三纵"五条经济带人口集聚趋势强于经济集聚趋势，这也使得人口分布和经济产出之间的差距有所缩小，说明轴带经济有从集聚走向平衡的苗头。同时，轴带之间的分化也较为显著，长江经济轴带、沿海经济轴带、京广京哈轴带各自约占了全国经济总量的四分之一至三分之一、全国人口总量的五分之一，而陇海兰新轴带和包昆轴带集聚经济、人口能力较弱。沿海经济轴带的经济占比和人口占比都最大，陇海兰新轴带的经济占比和人口占比都最小。可见，涉及西部地区较多的陇海兰新轴带和包昆轴带集聚经济、人口的能力还有待提升。详见表6-1。

表6-1 "两横三纵"经济轴带地方GDP和人口占比变化情况

轴带名称	2020年地方GDP占全国GDP比重/%	2012年地方GDP占全国GDP比重/%	地方GDP占比变化/个百分点	2020年常住人口占全国人口比重/%	2012年常住人口占全国人口比重/%	人口占比变化/个百分点
长江经济轴带	28.37	27.52	0.85	18.98	17.86	1.12
沿海经济轴带	32.58	35.43	−2.86	21.61	20.11	1.50
京广京哈轴带	27.34	30.80	−3.46	20.61	19.58	1.03
陇海兰新轴带	6.63	6.62	0.01	7.51	7.27	0.25
包昆轴带	9.17	9.36	−0.19	8.90	8.34	0.56
合　计	104.09	109.74	−5.65	77.62	73.16	4.46

资料来源：笔者根据历年《中国统计年鉴》和各省（自治区、直辖市）统计年鉴整理得到。

---

① 因为五条经济带中有范围重合的，存在重复计算，所以计算出来的经济总量超过了全国。

据统计，西部陆海新通道涉及 29 个地级市，2020 年经济总量和常住人口规模分别占全国的 11.01% 和 12.15%，与 2012 年相比，经济总量增加 56 923.37 亿元，其占比上升 0.82 个百分点，常住人口增加 2 003.13 万人，其占比提升 1.02 个百分点。这表明西部陆海新通道经济集聚效应、人口集聚效应还不强，经济集聚效应更弱于人口集聚效应。与"两横三纵"经济带相比，2020 年西部陆海新通道经济总量占比（11.01%）强于陇海兰新轴带（6.63%）和包昆轴带（9.17%），常住人口规模占比（12.15%）高于陇海兰新轴带（7.51%）和包昆轴带（8.9%）。西部陆海新通道利用铁路、公路、水运、航空等多种运输方式，由重庆向南经贵州等省份，通过广西北部湾等沿海沿边口岸，通达新加坡及东盟主要物流节点，向北与中欧班列连接，利用兰渝铁路及西北地区主要物流节点，通达中亚、南亚、欧洲等区域。西部陆海新通道也与长江黄金水道实现了联通，并已初步实现丝绸之路经济带和 21 世纪海上丝绸之路的有机衔接，与陇海兰新轴带和包昆轴带形成互补，共同带动西部地区经济发展和影响城镇空间布局。

（二）城市群和都市圈发展如火如荼，一体化体制机制创新探索正在起步

党的十八大以来，西部地区城市群和都市圈快速发展，对区域经济的引领带动作用进一步加强。自 2016 年《成渝城市群发展规划》出台后，成渝地区进入快速发展通道，围绕推进成渝城市群建设国家级城市群迈进。2020 年 1 月，习近平总书记在中央财经委员会第六次会议上提出推动成渝地区双城经济圈发展，并且在 2021 年 10 月出台的《成渝地区双城经济圈建设规划纲要》中明确提出"打造带动全国高质量发展的重要增长极和新的动力源"，这预示着成渝地区的位级势能再次提升，在全国区域经济发展中担负着重要使命。2022 年，成渝地区双城经济圈实现地方生产总值 77 587.99 亿元，同比增速 3%（与全国持平），占全国的 6.4%，占西部地区的 30.2%①。此外，关中城市群综合实力稳步提升，已进入发展壮大、质量提升的关键时期，将对引领西北地区高质量发展和支撑我国向西开放发挥重要作用。此外，北部湾等城市群也处于快速发展之中，其在区域经济中的作用将逐步显现。

目前从国家层面出台发展规划的成都都市圈、重庆都市圈和西安都市

---

① 《2022 年成渝地区双城经济圈经济发展监测报告》。

圈这三个西部地区都市圈中,从发展特色来看,成都都市圈属于特色发展型,重庆都市圈和西安都市圈属于培育建设型①。显而易见,前者发展水平要高于后两个。此外,西部地区还有不少处于发育中的都市圈,如贵阳都市圈、南宁都市圈、昆明都市圈、银川都市圈、兰州都市圈、呼和浩特都市圈、乌鲁木齐都市圈和西宁都市圈等②。2020年,成都都市圈经济总量规模2.23万亿元,尚不到上海大都市圈(11.18万亿元)的20%(约为19.95%),与日本东京、英国伦敦、美国纽约都市圈也有10倍以上的差距;从经济密度来看,成都都市圈单位地方生产总值为6 737万元/平方千米,与深圳都市圈的1.7亿元/平方千米、东京都市圈的6.6亿元/平方千米、伦敦都市圈的14.8亿元/平方千米差距明显。

当前,西部地区都市圈同城化、城市群一体化发展水平仍较低,主要表现在:一是产业同质化现象严重。各中心城市产业结构相似度较高、互补性较差,有些甚至支柱产业基本雷同,造成重复建设、产能过剩和恶性竞争,不利于产业集群培育,削弱了城市群整体竞争力。例如,成都都市圈是西部地区最发达的都市圈,但成都与德阳、绵阳以及德阳与绵阳产业结构相似系数都较高,三市发展的重点产业有所重合,战略性新兴产业也大部分相同。二是公共服务一体化制度创新仍不足。绝大多数中心城市都在努力建设各自的公共服务体系,少数较为发达的都市圈或同城化地区积极探索了公共服务一体化,但受户籍和财政等体制影响,各城市医疗保险关系等基本公共服务仍不能顺利接转,不仅降低了资源利用效率,也妨碍了劳动力的自由流动。三是基础设施一体化水平较低。道路等基础设施一体化对城市群中心城市互动发展具有重要意义。然而,目前城市群内部尚未形成成本共担、利益共享的基础设施建设机制,导致道路等在首位城市和其他中心城市建设规格和标准差异较大,甚至是"天壤之别"。此外,为了不让自身资源被虹吸殆尽,首位城市周边的兄弟城市宁可在自己地盘上保留与首位城市的"断头路"。

---

① 清华大学中国新型城镇化研究院和北京清华同衡规划设计研究院联合编制的《现代化成都都市圈发展指数》。
② 尹稚,袁昕,卢庆强,等. 中国都市圈发展报告 [M]. 北京:清华大学出版社,2019:30.

（三）城市规模结构进一步优化，超大城市、特大城市和区域性中心城市数量仍不足，中小城市特色化发展有待加强

截至 2020 年底，西部地区共有 2 个超大城市、2 个特大城市、17 个大城市（其中 I 型大城市 3 个、II 型大城市 14 个）、中等城市 44 个、小城市 112 个（其中 I 型小城市 87 个、II 型小城市 25 个）。详见表 6-2。与东部、中部地区相比，西部地区城市规模结构有了较大改善，涌现了重庆、成都两个超大城市（中部地区目前还没有），特大城市、大城市数量基本与中部地区持平，中等城市数量比中部地区多 13 个，小城市数量与东部地区持平，比中部地区少 38 个。超大城市、特大城市非核心功能开始疏散，新城建设启动，大城市也更加注重宜居建设。中小城市宜居宜业宜游的特色化之路正在发展。但总体来讲，超大城市、特大城市和大城市的集聚发展水平还不够强，对周边区域的辐射带动也很有限，中小城市特色化发展还不够聚焦。

表 6-2　2020 年我国不同区域城市规模分布　　　单位：个

区域	超大城市	特大城市	大城市	I 型大城市	II 型大城市	中等城市	小城市	I 型小城市	II 型小城市
东部	5	6	43	7	36	47	112	98	14
中部	0	3	18	3	15	31	150	112	38
西部	2	2	17	3	14	44	112	87	25
东北	0	3	6	1	5	13	68	38	30
总计	7	14	84	14	70	135	442	335	107

资料来源：笔者根据《2020 中国人口普查分县资料》整理。

（四）以县城为重要载体的城镇化平稳推进，但进程仍较滞后

2012—2021 年，我国西部地区县域总人口从 7.36 亿人减少到 6.54 亿人，县城总人口从 1.49 亿人波动增加到 1.57 亿人，县城人口占县域总人口的比重从 20.28% 逐步提升到 23.95%，年均提高 0.37 个百分点。同期，西部地区县域平均人口除 2014 年增长明显以外，大都维持在 45 万人左右，县城平均人口稳步增加，从 9.19 万人逐步增长到 10.56 万人，年均增长约 1 522 人。县城人口比重不断提高，但其与全国总体城镇化率的差距越来越大，县城人口占县域人口的比重与全国总体城镇化率的差距从 2012 年的 32.29 个百分点提高到 2021 年的 40.77 个百分点，这表明以县城为重要载体的城镇化推进较为滞后。详见表 6-3。

表6-3 2012—2021年西部地区县域城镇化发展情况

年份	县域平均人口/万	县城平均人口/万	县域城镇化率/%	全国城镇化率/%	全国城镇化率与县城城镇化率之差/%
2012	45.30	9.19	20.28	52.57	32.29
2013	45.40	9.47	20.85	53.73	32.88
2014	48.48	9.81	20.23	54.77	34.54
2015	45.86	9.96	21.72	56.10	34.38
2016	45.75	10.05	21.96	57.35	35.39
2017	45.82	10.24	22.35	58.52	36.17
2018	45.59	10.33	22.66	59.58	36.92
2019	45.25	10.47	23.13	60.60	37.47
2020	44.94	10.60	23.59	63.89	40.30
2021	44.12	10.56	23.95	64.72	40.77

资料来源：笔者根据历年《中国城乡建设统计年鉴》整理。

二、未来影响西部地区新型城镇化空间形态的主要因素

(一) 人口集聚持续分化

在未来很长一个时期，我国人口向东部沿海发达地区流动几乎是必然的，沿海城市经济带未来的人口和经济占比还会持续提高[①]。在整个区域人口流出的背景下，西部地区省会城市和区域中心城市将吸引更多的本地农民或外来流动人口，成为人口流入地。而一些从东部地区回流的老一代农民工则倾向于进入县城、小城镇和家乡，同时为了子女教育、养老、医疗等公共服务的需求，一些农民也会进入县城就业或者定居。由此，西部地区省会城市和区域中心城市以及一些小城镇（包括县城）的人口规模将明显上升。

(二) 产业基础日益夯实

在"十四五"乃至未来更长时期，新技术、新业态、新模式、新产业将迎来规模化、市场化发展的集中爆发，同时国内外产业发展大循环、国内发达地区和欠发达地区及大、中、小城市间的产业循环将进一步深化，

---

① 贺雪峰. 区域差异与中国城市化的未来 [J]. 北京工业大学学报，2022 (5)：67-74.

消费经济将日益成为新的重要经济增长点，在新型城镇化过程中需要提高适应这些产业新趋势的能力。东部沿海地区的一些产业将加快转移，西部地区大城市及其周边将有条件承接产业转移，催生形成的类型多样的产业功能区将成为城镇化新载体。此外，大城市也将向周边中小城市转移产业，城市经济要素不断向农村扩散延伸。

（三）交通网络不断加强

高铁网的拓展对不同类型城市的影响将产生明显分化。交通运输基础设施与城镇空间布局相互影响，良好的交通运输条件可以改变经济活动的空间布局，而经济空间布局反过来又会影响交通运输线路的规划和走向①。改革开放以来尤其是西部大开发战略实施以来，西部地区铁路路网覆盖虽然显著扩大但仍显不足。随着国家规划的高铁网络"八纵八横"的形成，到 2020 年全国铁路网规模达到 15 万千米，其中高速铁路 3 万千米，覆盖80%以上的大城市②。国家将继续加强对西部地区的铁路建设，这不仅为西部进藏、出疆、沿疆、沿边地区以及贫困地区、少数民族地区发展提供了强力支撑，而且也有利于强化城镇化空间发展主轴线、开发新的次轴线。

（四）对外开放格局重塑

随着中国东部沿海世界经济走廊的重塑、内陆开放高地的加快建设、沿边开发开放经济带的崛起，以及"一带一路"建设核心区、战略支点、开放门户及对外大通道的加快建设，各地区与沿线国家和地区互联互通水平不断提高，陆海内外联动、东西双向开放的全面开放新格局逐步形成，日益催生一批外向型产业集群、具有全球影响力的先进制造业基地、边境经济合作区、国际性消费中心等，驱动成长一批国际型城市、形成一批重要开放节点城市、新兴一批沿边口岸开放城市等。建设长江经济带、共建"一带一路"等国家战略的实施将为西部地区的对外开放提供重要机遇。城市及城市群是西部地区对外开放的重点依托和主要载体，是对外开放的先行区和优先区。西部地区加快新型城镇化进程要努力抓住对外开放机遇。

（五）生态要素

"三区三线"对城镇化空间发展形成刚性约束。根据《全国主体功能区规划》，西部地区除一些资源型城市以及成都、重庆、西安等超大城市、

---

① 钟少颖，陈锐，魏后凯. 中国新型城镇化空间布局研究 [J]. 城市发展研究，2013（12）：18-23.

② 详见《中长期铁路网规划》（发改基础〔2016〕1536 号）。

特大城市中心区列为优化开发区，成渝、关中、呼包银等 10 个处于重点开发区的城镇化地区外，大部分地区属于限制和禁止开发区。这种状况决定了西部地区经济与社会发展和城镇化进程都不能走大规模开发之路，必须走依托城市群的网络开发之路。西部地区是我国资源富集地区，同时也是生态环境脆弱区，水对城市布局与发展的制约尤为突出，同时近年生活和工业污染有所加剧。

第二节　西部地区优化新型城镇化空间形态的重点任务

西部地区应立足新型城镇化空间形态现状，认真考虑影响新型城镇化空间形态的重要因素，推动形成集聚发展、城乡融合、开放高效、均衡和谐的新型城镇化空间形态。

一、加快培育西部陆海新通道，推动陇海兰新发展轴联动发展

西部地区应顺应"一带一路"建设要求和西南西北地区发展态势，在原有包昆通道基础上进行整合升级，形成衔接"一带"和"一路"、沟通西北和西南南北通道，进一步增强支撑作用；推动西部陆海新通道与包昆通道融合延伸，形成沟通南北、衔接"带""路"、引领中国西部地区发展的新纵向通道；以中原、兰州—西宁、天山北坡城市群为主体，重点促进东、中、西段联动发展，完善郑新欧、兰新欧等通道，推动内陆开放，加强内陆开放平台建设，形成"一带一路"建设重要支撑和向西开放的重要依托。

二、以促进中心城市与周边城市（镇）同城化发展为导向，积极培育现代化都市圈，促进大、中、小城市协调发展

（一）都市圈、城市群和都市带概念的内涵及相互关系

1. 都市圈、城市群和都市带概念的内涵

《国家发展改革委关于培育发展现代化都市圈指导意见》（发改规划〔2019〕328 号）指出，都市圈是城市群内部以超大城市、特大城市或辐射带动功能强的大城市为中心、以 1 小时通勤圈为基本范围的城镇化空间形态[①]，

[①] 详见《国家发展改革委关于培育发展现代化都市圈的指导意见》（发改规划〔2019〕328 号）。

这也是我国官方首次正式给出的都市圈概念。我国学者对都市圈以及相关的概念进行了深刻而广泛的研究，其中不乏与现今政策文件比较一致的观点，如中国人民大学陈秀山教授主编的《中国区域经济问题研究》（2005）一书认为都市圈是"由一个具有较高首位度的都市经济中心和与中心密切关联且通过中心辐射带动的若干腹地都市所构成的环状经济区域"。

在农业文明时代，大部分人口生活在乡村，城市逐步从村庄、集镇等发展而来，一般作为行政管理中心、军事要塞、市场交易中心等而存在，生活在其中的人口总体较少。在工业革命后，机器大工业的发展对劳动力产生了巨大的需求，不断吸引农村劳动力迅速向城镇尤其是大城市转移，带动城镇规模不断扩大，继而成为区域经济发展的核心。在城市规模扩大的过程中，城市与其腹地城市之间分工与协作关系不断加深，从而形成两者有机结合的新的区域形态即城市地区或称城市圈（都市圈）[1]。当城市和区域经济进一步发展尤其是区域城市化与城市区域化交织发展趋势明显时，一个都市圈与另一个或几个都市圈形成了分工协作、密切联系的时候，城市群便诞生了。城市群的出现标注着一个区域的城镇体系开始走向成熟或更高水平的发展。理论界一般认为对城市群做一般性理论分析最早是由美籍法国地理学家戈特曼（Jean Gottmann）于1957年开始的。戈特曼在美国东北海岸地区进行实地考察时，发表了著名的"Megalopolis or the Urbanization of the Northeastern Seaboard"一文，只是大都市带理论主要论述的还不是城市群本身，而是当时欧美发达国家已经出现了的由多个城市群组成的人口规模和空间范围更大的一种区域形态，即城市群进一步发展到更高一层次的产物，是城市群的城市群或集群[2]。

通过以上梳理，我们不难发现都市圈具备以下三个重要特征：①单中心。都市圈只有一个中心，即都市圈内存在着许多不同规模、不同等级的城市和众多小城镇，但只拥有一个核心城市作为都市圈的中心，这个城市可以是超特大城市、特大城市、副省级城市、省会城市或大城市等，其地方国内生产总值一般应占圈域的三分之一或二分之一以上，成为带动整个圈域经济发展的中心、枢纽或增长极。②中心城市与腹地城市整体表现出一体化发展趋势。这是很多学者及国家政策文件都指出了的。更进一步

---

① 刘勇. 我国城市群演进轨迹与前瞻 [J]. 改革, 2009 (4)：98-109.

② 刘勇. 我国城市群演进轨迹与前瞻 [J]. 改革, 2009 (4)：98-109.

讲，都市圈中心与腹地沿着区域合作——一体化——同城化方向演进，一体化代表着一个过程，同城化代表着都市圈发展到较高阶段的特征与趋势。都市圈侧重于圈域内中心城市或核心城市对周边中小城市的集聚与辐射作用，中心或核心城市与中小城市的地位并不平等，具有主导与被主导的特征。③空间形态一般表现为环状或圈层。很多研究都认为，都市圈的空间形态为环状或圈层。圈层结构对都市圈中心城市对其他城市发挥集聚和辐射作用带来的好处不言而喻。但这个看法不能绝对化。一方面，受地理位置的影响，都市圈可能呈现带状而非环状；另一方面，都市圈有一个发育成长的过程，在每个阶段具有不同的空间形态，圈层或环状既不是都市圈的初始空间形态也不是其终极空间形态。

2. 都市圈、城市群、都市带概念的关系

（1）区别。我们主要从人口规模、空间尺度、中心城市与其他城市关系、空间结构特点4个方面进行比较。都市圈、城市群、都市带在人口规模、空间尺度上依次逐渐提高（这里我们不细究具体的数据），三者分别处于大城市空间地域组织的高级阶段、更高级别阶段和最高级别阶段。都市圈为单中心，而城市群、都市带为双中心或多中心。都市圈内的中心城市与其他城市地位不一样，有主导与被主导的意味；而城市群、都市带内的中心城市与其他城市更多地体现了一种平行的网络关系[1]，彼此支撑、配合与协作。详见表6-4。

表6-4　都市圈与城市群、都市带概念比较

变量	都市圈	城市群	都市带
人口规模	小	大	
空间尺度	小	大	
单中心还是多中心	单中心	双中心或多中心	
中心城市与其他城市关系	联系紧密，彼此之间是主导与被主导的关系	彼此支撑、配合与协作，彼此之间是网络关系	
空间结构特点	大城市空间地域组织形态逐步高级化		

资料来源：笔者根据相关文献提炼总结。

---

① 郁鸿胜. 崛起之路：城市群发展与制度创新 [M]. 长沙：湖南人民出版社，2005：3-4.

（2）联系。从大城市在区域发展中地位与作用的变化来看，都市圈、城市群和都市带之间具有紧密联系。单个大城市在集聚经济作用下，成为带动周边腹地发展的增长极。随着区域合作的不断推进，单个大城市与其腹地城市实现一体化发展，成为都市圈。随着交通轴线的延伸，沿线城市与中心城市的联系加强，形成城镇密集区；城镇密集区进一步发展并逐渐走向成熟，在规模和结构上都有了质的提升，成长为城镇体系。城镇体系再继续发展成长为城市群，进而演进到城市群的高级形态——都市带、都市连绵区等。值得强调的是，这种演进关系只存在于有条件的区域，并不适用于所有地区，即能发展都市圈的区域并不必然就可以培育城市群，如我国中、西部地区不少区域可以依托大城市发展都市圈，但并不具备形成城市群、都市带、都市连绵区等的条件。

综上所述，相对于城市群、都市带、都市连绵区等，都市圈是尺度更为精准、规模更小的区域形态，培育现代化都市圈、推进中心城市与周边城市（镇）同城化发展是实现大、中、小城市协调发展的现实重要途径。西部地区不一定更具备条件去建设大规模的城市群，主要还是应围绕大城市甚至中等城市去发展，所以都市圈培育和建设对西部地区而言尤为重要。

（二）都市圈同城化驱动大、中、小城市协调发展的内在机理

同城化是都市圈发展的高级阶段，比一体化的程度和要求都要高，但两者的目的又是一致的，都是为了实现区域协调发展。我国都市圈发育壮大直至实现一体化、同城化的过程实际上就是逐步实现大、中、小城市协调发展的过程。我国都市圈的发展与西方发达国家都市圈的发展既有共性也有不同。在共性方面，国内外都市圈的发展一般都经历了由"集聚"逐步走向"扩散"的过程。工业革命后，城市尤其是大城市成为欧美等西方发达国家区域经济中心，随后欧美等西方发达国家以中心城市为着眼点，依托交通干线开展中心城市与其他城市之间的分工协作，城市化空间形态逐步由单个中心城市拓展到都市圈、城市群、都市带或者都市连绵区等。即在市场机制作用下，西方发达国家城市空间扩展沿着"先集聚、后扩散"路径展开，城市化地区的增长首先发生在中心城市，然后伴随着交通、信息技术的发展而逐步向周边城市扩散，从而成长为中心城市主导、周边中小城市密切协作的都市圈空间组织体系[①]。国内大量相关研究也印

① 王利伟，冯长春. 转型期京津冀城市群空间扩展格局及其动力机制：基于夜间灯光数据方法 [J]. 地理学报，2016（12）：2155-2169.

证了这种内在机理。

都市圈从"集聚效应"转向"扩散效应"存在着"主动扩散"与"被动扩散"两种不同路径。西方发达国家多是在到达生态资源瓶颈之前主动进行扩散，而我国都市圈在很多时候是生态资源瓶颈下的被动扩散①。以成都都市圈为例，成都市每年新增管理人口超过50万人，城市活力由此可见。但随着人口和产业加速集聚，空间不足的矛盾日益突出，面临产业特别是先进制造业承载能力不足的现实挑战。在成都市现有的空间格局中，西部区域是都江堰灌区的核心区，也是重点生态功能区，涉及8个县（市、区），面积约占全市的一半，加上1 275平方千米的龙泉山城市森林公园，可开发利用空间十分有限；南部区域核心是天府新区，主要发展科技服务、现代金融、商务会展、文化创意等，也是未来的总部基地，不能布局更多制造业；北部区域处于城市上风上水位置，面积相对较小，一出铁路港就到了德阳市；中部是城市中心区域，人口密度大，也不能布局制造业②。成都市既要担当起成渝地区双城经济圈中引领高质量发展的增长极和动力源，增强人口和产业承载力的任务，又要建设践行新发展理念的公园城市示范区，在全域发展中将生态价值考虑进去，那么谋求未来发展空间就必须跳出全市市域。因此，推进与德（阳）眉（山）资（阳）同城化发展，成都市既可以打造以临空产业和先进制造业为主要功能的现代化新区，加大城市空间供给，又可以通过"总部+基地""研发+制造"等模式，伸开发展手脚、优化经济地理，在更大范围集聚和配置资源。此外，与西方发达国家都市圈发展不同的是，改革开放以来，我国经济与社会发展处于转型中，其都市圈发展受行政干预和政策影响较多，如市管县体制、城乡二元结构体制、城市行政管理制度等，这些也构成了我国都市圈发展壮大的另一内在机理。

（三）未来西部地区都市圈同城化发展的路径选择

1. 着力提升中心城市的经济与社会发展实力

目前，西部地区都市圈整体发展水平低于东部地区的一个明显表现便是中心城市的经济与社会发展实力不强、集聚经济强度还有很大提升空间。中心城市的经济与社会发展实力是都市圈发挥外溢效应和辐射功能的

---

① 汪波. 中国城市群治理：功能变迁、结构透析与湖泊效应 [J]. 城市观察，2016（5）：32-40.

② 此部分参考了成都都市圈、成德眉资同城化发展的相关政策文件。

先决条件。为此，应大力提升西部地区都市圈中心城市经济与社会发展实力，一方面，中心城市要在坚持产业多样化的同时，突出高端产业发展，尤其是以先进制造业发展进一步推动服务业提档升级，有效增强经济和人口承载力；另一方面，中心城市要充分利用各种要素集聚的优势，激发潜能，建设多层次的创新体系，努力成为给予人们理想的创新策源地。此外，中心城市要大力提高城市生活品质，完善公共服务体系，不断满足人们对美好生活的需要。

2. 进一步推进都市圈内现代基础设施网络和基本公共服务共享

现代基础设施和基本公共服务共享既是中心城市发挥对周边镇或城市扩散效应的体现，也是西部地区都市圈同城化发展中进展最快、成效最为明显的领域。例如，截至 2022 年底，成都都市圈日开行动车 134 对、日均客流 2.3 万人次，分别是公交化运行前的 3.3 倍和 2.1 倍①。正因为进展快、成效明显，基础设施和基本公共服务共享在都市圈建设中受到高度重视。例如，成德眉资同城化发展暨成都都市圈建设成长期三年行动计划（2023—2025 年）共制定了 196 项重大项目事项，其中健全基础设施同城同网体系、促进公共服务便利共享这两个领域数量居前两位，分别为 58 项和 35 项②。因地制宜建设城际铁路和市域（郊）铁路，有序发展城市轨道交通，构建高速公路环线系统，打通"断头路"，促进都市圈中心城市与周边城市（镇）交通有效衔接和轨道交通"四网融合"，推动城际道路客运公交化运营。鼓励都市圈社保和落户积分互认、居住证互通互认，统筹布局新建大型公共服务设施，促进教育医疗资源共享。

3. 切实加强都市圈产业分工与协作水平

目前，实现产业分工与协作是都市圈同城化发展的核心领域，但目前进展相对缓慢。究其原因，一方面，现阶段产业在中心城市集聚还是主趋势，不容易扩散到周边城市；另一方面，产业发展在中心城市和周边城市之间竞争激烈，出于维护地方各自利益的需要，难以进行分工协作。产业在中心城市集聚这一趋势可能会维持很长一段时期，短期内难以扭转，因此周边城市应着力发展本地市场效应强的特色产业，同时推动中心城市与周边城市合作共建产业园区、创新基地等，引导都市圈产业从中心到外围梯次合理分布，通过探索经济区与行政区适度分离改革等构建产业发展利益共享机制。

---

① 李娟，黄欢. 成都都市圈建设初现雏形 ［N］. 成都日报，2023-01-08（1）.
② 肖莹佩. 成都都市圈建设成长期将实施三年行动计划 ［N］. 四川日报，2023-01-08（2）.

4. 共建一批功能性平台

建立诸如开放、创新、乡村振兴等功能性平台有利于降低交易成本、促进资源要素和信息等畅通流动与合理配置，对都市圈内部建立合作机制具有积极作用。这些功能性平台可以依托中心各城市建立，也可以依据各个城市优势点状扩散，持续提升都市圈国际交往能力和水平、增强创新动力和推动城乡融合发展等。

5. 加强体制机制创新

积极探索经济区与行政区适度分离改革任务，建立都市圈中心城市与周边城市成本共担利益共享机制。畅通城乡要素循环，扎实推进国家城乡融合发展试验区重庆西部片区、四川省成都市西部片区、陕西西咸接合片区改革试点。建立和完善都市圈大气、水等污染联防联治机制和自然灾害、公共卫生等重大突发事件联防联控机制。

三、以成渝地区双城经济圈建设为重点，健全城市群一体化发展机制，提升城市群对区域经济的辐射带动力

（一）扎实推动成渝地区双城经济圈建设

1. 成渝地区双城经济圈建设的理论阐释

早在 20 世纪 80 年代末 90 年代初，我国学术界就已经提出了"城市圈"的概念，顾朝林等学者对此进行了深入的研究。城市圈概念的内涵相当于都市圈，而在一定地域内密切分工协作的城市圈相互作用又形成了经济圈即城市群。因此，经济圈是在一定地域内以超大城市、特大城市或辐射带动能力强的大城市为核心的多个城市圈的集合。从这个意义上讲，经济圈本质上是城市群或者城市群的城市群或集群，构成了经济区的主体框架，更加强调了资源要素在经济区的合理配置与循环流转。成渝地区双城经济圈也是城市群，如《成渝地区双城经济圈建设规划纲要》明确的成渝地区双城经济圈空间范围与《成渝城市群发展规划》划定的成渝城市群空间范围一致；但它也有特殊之处，即集中表现为以成都、重庆两个超大城市为核心，包含了成都、重庆两个辐射带动能力较强的都市圈。更进一步来讲，成渝地区双城经济圈是双核结构的城市群。2020 年、2021 年，除第一产业增加值外，在第二产业增加值方面，成都市和重庆市主城都市区中心城区都约占成渝地区双城经济圈的三分之一；在经济总量、社会消费品零售总额方面，成都市和重庆市主城都市区中心城区占成渝地区双城经济

圈的比重都在40%以上；在第三产业增加值、地方一般公共预算收入、金融机构人民币存款余额、金融机构人民币贷款余额方面，成都市和重庆市主城都市区中心城区占成渝地区双城经济圈的比重都在50%以上，有的甚至接近70%（详见表6-5和表6-6）。单独来看，除第一产业增加值外，在第二产业增加值方面，成都市占四川省比重、重庆市主城都市区中心城区占重庆市比重都稳定在将近三分之一的水平上；在经济总量方面，成都市占四川省比重、重庆市主城都市区中心城区占重庆市比重都处在40%~42%范围；在其他指标方面，两个核心所占比重均高于前两个指标，而同期重庆市主城都市区中心城区占重庆市比重又要高于成都市占四川省比重。

表6-5 2020年成渝地区双城经济圈相关经济指标

主要经济指标	成渝地区双城经济圈①	重庆部分②	四川部分③	成都市④	重庆市主城都市区中心城区⑤	④÷③/%	⑤÷②/%	(④+⑤)÷①/%
地方生产总值/亿元	68 128.3	23 833.2	44 295.1	17 716.7	9 822.1	40.0	41.2	40.4
第一产业增加值/亿元	5 775.4	1 487.9	4 289.9	655.2	114.4	15.3	7.7	13.3
第二产业增加值/亿元	26 241.8	9 779.7	16 455.8	5 418.5	3 034	32.9	31.0	32.2
第三产业增加值/亿元	36 107.5	12 562.3	23 545.3	11 643	6 673.7	49.4	53.1	50.7
社会消费品零售总额/亿元	29 533.0	10 724.5	18 794.8	8 118.5	5 433.1	43.2	50.7	45.9
地方一般公共预算收入/亿元	4 169.7	1 124.4	3 045.7	1 520.4	585.9	49.9	52.1	50.5
金融机构人民币存款余额/亿元	120 235.0	38 556.4	81 649.5	42 265.6	25 749.6	51.8	66.8	56.6
金融机构人民币贷款余额/亿元	102 832.2	38 723.0	64 111.5	39 686.2	29 630.2	61.9	76.5	67.4

资料来源：笔者据《重庆统计年鉴2021》《四川统计年鉴2021》和《成都统计年鉴2021》整理。

表6-6 2021年成渝地区双城经济圈相关经济指标

主要经济指标	成渝地区双城经济圈①	重庆部分②	四川部分③	成都市④	重庆市主城都市区中心城区⑤	④÷③/%	⑤÷②/%	(④+⑤)÷①/%
地方生产总值/亿元	73 919.2	25 859	48 060.2	19 917	10 927.6	41.4	42.3	41.7
第一产业增加值/亿元	6 191.2	1 605.4	4 585.9	582.8	123.6	12.7	7.7	11.4
第二产业增加值/亿元	28 262.4	10 523	17 739.4	6 114.3	3 419	34.5	32.5	33.7
第三产业增加值/亿元	39 465.5	13 730.6	25 735	13 219.9	7 385.1	51.4	53.8	52.2

表6-6(续)

主要经济指标	成渝地区双城经济圈①	重庆部分②	四川部分③	成都市④	重庆市主城都市区中心城区⑤	④÷③/%	⑤÷②/%	(④+⑤)÷①/%
社会消费品零售总额/亿元	34 553.6	12 676.4	21 877.2	9 251.8	6 140.3	42.3	48.4	44.5
地方一般公共预算收入/亿元	4 816	1 377.4	3 438.6	1 697.9	1 400.7	49.4	101.7	64.3
金融机构人民币存款余额/亿元	130 935.9	41 448.1	89 487.8	46 639	27 723.5	52.1	66.9	56.8
金融机构人民币贷款余额/亿元	116 611.7	43 524.6	73 087.1	45 140	33 093.7	61.8	76.0	67.1

资料来源：笔者据《重庆统计年鉴2022》《四川统计年鉴2022》和《成都统计年鉴2022》整理。

在我国现有城市群中，双核结构特征并不鲜见，如京津冀有北京、天津两个核心，粤港澳大湾区有广州、深圳两个核心等。相对于其他双核结构的城市群，成渝地区双城经济圈的双核结构具有以下显著特征：①双核不在同一个行政区内且有行政级别差异。成渝地区山水相连、历史同脉、文化同源、人文相近，其开发历史可以追溯到四千年前，都江堰灌溉工程、自贡深井提取盐卤和制盐技术、交子纸币这三项最具有代表性并具有世界意义的发明标志着当时四川盆地的农业、手工业、商业流通已达到相当发达的程度，成都和重庆也由此成为政治中心和商业中心①。自1997年重庆市直辖后，重庆市以新中国成立以来最年轻的直辖市的崭新面貌开启了发展新历程，而成都市也成为四川省集中力量培育并期望带动全省其他区域发展的增长极。成都是四川省省会，同时也是我国15个副省级城市之一，其行政级别低于作为直辖市的重庆市。②双核的中心性都高于其门户性。一般来讲，一个城市或多或少都具有中心性和门户性，只是两种功能体现多与少的差别而已。陆玉麒教授（2016）将城市的中心性和门户性进行组合，并划分为高中心性—高门户性（HH型）、高中心性—低门户性（HL型）和低中心性—高门户性（LH型）三种。根据他的测算，成都、重庆都属于HL型组合，即虽然它们也具有较强的门户职能，但更多的是承担中心职能，并推动整个区域的发展②。成都自汉代以后就是商贸中心城市，重庆凭借水上交通成为古代货物集散地，之后成渝地区得到了一些

---

① 林凌. 中国经济的区域发展 [M]. 成都：四川人民出版社，2006：477.
② 陆玉麒. 区域双核结构理论 [M]. 北京：商务印书馆，2016：198.

特有发展机遇，如重庆成为抗日战争时期国民政府的陪都，重庆、成都在国家"三线建设"时期进行了大规模的现代工业、国防工业和基础设施布局建设，改革开放后四川和重庆通过积极推动全国农村、企业、城市等领域改革以及实施西部大开发战略等，两个双核发展能级不断抬升，最终成为西部地区的国家中心城市。但在门户性方面，西南、西北各省（自治区、直辖市）也在通过努力改善自身的交通、通信条件，加强与东部地区的交往交流，成都、重庆双核的优势领域有所收缩。如重庆市、成都市为航空国际枢纽，但均不是我国区域水运口岸、铁路口岸重点布局城市[1]。

我国经济地理学家陆玉麒教授首倡的区域双核结构理论有利于对成渝地区双城经济圈建设进行理论解析。区域双核结构的理论内核为：①双核结构是指某个区域中由区域中心城市和门户城市及其连线组成，兼具中心城市的中心性和门户城市的边缘性，所以是一种具有较高效率的空间结构现象；②从构成要素和形态而言，双核结构包括"区域中心城市"与"港口城市"（海港城市、河港城市）组合、"区域中心城市"与"边缘城市"（国际边境城市、省级边界城市）组合两种，"区域中心城市""港口城市""边缘城市"均可称为"端点城市"；③双核结构广泛存在于世界范围，在中国尤其具有普遍性；④区域双核结构的生成机理主要是基于区域中心城市与港口城市区位功能的空间互补需求。在长期的历史发展过程中，成都、重庆因为各自的优势而逐步成为四川盆地的区域中心城市和港口城市。新中国成立以来至重庆直辖之前，重庆市、成都市各自都得到了一些重要的发展机遇，各自的城市功能得到很大拓展。成都、重庆因为互补需求一直进行着空间交往，如成都的产品最终通过重庆的水运销往世界各地等。

陆玉麒教授虽然对双核形成机理进行了揭示，但对双核形成后彼此之间关系的演进未过多论述。因此，我们难以从双核结构理论上进一步分析重庆直辖后成渝双核关系的演变。但通过总结国内其他发达双核城市群发展经验就会发现，双核之间一般经历了"双核加快自身壮大—双核背向发展—双核融合发展"阶段。成渝地区双城经济圈也经历了双核自身发展壮大、双核背向发展这两个阶段。2011 年 4 月，国务院批复实施的《成渝经济区区域规划》指出"区域内合作机制不够完善，一体化发展任务艰巨"；

---

① 详见《国家"十四五"口岸发展规划》。

2016 年 4 月，经国务院批复、国家发展改革委和住房城乡建设部联合印发的《成渝城市群发展规划》又指出"核心城市背向发展"。成渝地区双城经济圈目前正在向双核融合发展迈进，正如《成渝地区双城经济圈建设规划纲要》在第一章"规划背景"中指出的："……呈现出重庆和成都双核相向发展、联动引领区域高质量发展的良好态势……"据此，成渝地区双城经济圈建设的内涵应为促进成渝双核融合发展，并辐射带动其他城市发展，形成不同城市共同推动成渝地区建设有实力、有特色的双城经济圈的局面，进而将双城经济圈打造成为能够担当国家区域发展重要功能与使命的强大增长极与新动力源。当然，按照培育现代化都市圈的要求，成渝双核不仅包括成都市、重庆市主城都市区中心城区两个核心增长极，也包括这两个核心增长极辐射带动的成都都市圈和重庆都市圈。为确保重大任务的顺利完成，成渝地区双城经济圈建设要注重双核差异性互补性发展，从而实现竞争合作发展，在竞争中合作、在合作中竞争。

2. 成渝地区双城经济圈建设现状与路径优化

成渝地区生态禀赋优良、能源矿产丰富、城镇密布、风物多样，是我国西部人口最密集、产业基础最雄厚、创新能力最强、市场空间最广阔、开放程度最高的区域，在国家发展大局中具有独特而重要的战略地位[①]，对我国加快构建新发展格局意义重大。自 2020 年 1 月习近平总书记在中央财经委员会第六次会议上提出推动成渝地区双城经济圈建设以来，成渝地区双城经济圈建设成为我国国家区域重大战略，也标志着成渝地区再次进入一个新发展阶段。从 2020 年以来，川、渝两省市积极认真贯彻中央要求，不断健全和完善顶层设计，出台了一系列重要政策文件（详见表 6-7），推动双核引领的空间格局已具雏形、基础设施加速完善、现代产业体系不断健全、协同创新能力有效跃升、国际消费目的地建设扎实挺进、生态环境保护有序开展、改革开放日益拓宽深入、城乡融合发展持续探索、公共服务水平稳步提高，成渝地区双城经济圈建设从开局起步进入全面提速阶段。2021 年，成渝地区双城经济圈地方生产总值达 7.4 万亿元，同比增长 8.5%，占西部地区的比重超过 30%；2022 年 1—6 月，成渝地区双城经济圈地方生产总值同比增长 3.3%，高于全国 0.8 个百分点；2022 年 1—9 月，成渝地区双城经济圈地方生产总值实现 5.52 万亿元；川、渝两地累计

---

① 详见《成渝地区双城经济圈建设规划纲要》。

办理川渝城镇企业职工基本养老保险关系转移接续 2.33 万人次、待遇领取资格互认 6.34 万人次，办理住房公积金异地转移接续 2.6 万人次，发放异地贷款 20.3 亿元，提供人事档案互转服务 2.5 万人次①。与此同时，与长三角、京津冀、粤港澳大湾区三个国家级城市群相比，成渝地区双城经济圈发展水平还较低，经济实力和国际影响力都不强。例如，2021 年，长三角、粤港澳大湾区、京津冀三个国家级城市群地方生产总值分别是成渝地区双城经济圈的 3.1 倍、1.7 倍和 1.3 倍，因此，成渝地区双城经济圈与建设带动全国高质量发展的重要增长极和新的动力源目标还有较大差距。

表 6-7 2020—2022 年川、渝两省市人民政府联合印发的部分重要文件目录

序号	印发时间	文件名称	文号
1	2020 年 12 月	重庆市人民政府 四川省人民政府关于同意设立川渝高竹新区的批复	渝府〔2020〕55 号
2	2020 年 12 月	四川省人民政府 重庆市人民政府关于同意设立遂潼川渝毗邻地区一体化发展先行区的批复	川府函〔2020〕259 号
3	2021 年 10 月	重庆市人民政府 四川省人民政府关于明月山绿色发展示范带总体方案的批复	渝府〔2020〕57 号
4	2021 年 10 月	四川省人民政府 重庆市人民政府关于泸永江融合发展示范区总体方案的批复	川府函〔2021〕216 号
5	2021 年 11 月	重庆市人民政府 四川省人民政府关于内江荣昌现代农业高新技术产业示范区总体方案的批复	渝府〔2021〕66 号
6	2021 年 11 月	重庆市人民政府 四川省人民政府关于印发成渝地区双城经济圈体制机制改革创新方案的通知	渝府办发〔2021〕137 号
7	2021 年 12 月	中共重庆市委 中共四川省委 重庆市人民政府 四川省人民政府关于印发重庆四川两省市贯彻落实《成渝地区双城经济圈建设规划纲要》联合实施方案的通知	渝委发〔2020〕27 号
8	2022 年 1 月	重庆市人民政府 四川省人民政府关于城宣万革命老区振兴发展示范区总体方案的批复	渝府〔2022〕1 号

---

① 李晓东，周洪双，陈晨. 四川：乘势跃升迈步新征程［N］. 光明日报，2023-02-06（5）.

表6-7(续)

序号	印发时间	文件名称	文号
9	2022年1月	重庆市人民政府 四川省人民政府关于合广长协同发展示范区总体方案的批复	渝府〔2022〕2号
10	2022年2月	四川省人民政府 重庆市人民政府关于资大文旅融合发展示范区总体方案的批复	川府函〔2022〕36号
11	2022年8月	重庆市人民政府 四川省人民政府关于印发重庆都市圈发展规划的通知	渝府发〔2022〕37号

资料来源：笔者在四川省人民政府网、重庆市人民政府网上收集整理得到。

在前期探索基础上，未来成渝地区双城经济圈建设仍应牢牢把握一体化发展理念，以实现成渝双核融合发展为根本目标，以研究成渝双核差异性互补性发展为重要策略，以深化毗邻地区合作为突破点，以体制机制创新为动力，重点深化优化以下方面：

一是加强成渝双核联动联建。发挥成都市与重庆市中心城区的各自优势，做好城市功能衔接互补，继续加快共建国际性综合交通枢纽、世界级先进制造业集群、西部科学城、西部金融中心和现代化国际都市等，更大力度地助推成渝地区双城经济圈"一极一源两中心两地"目标定位实现。加快成都都市圈、重庆都市圈内部同城化进程，进一步密切成都都市圈与重庆都市圈之间的交通联系，促进成渝轴线上的城市加速融入两个都市圈建设中。支持毗邻地区合作平台重点在经济区与行政区适度分离等体制机制创新上有很大突破，打造一批成渝双核融合发展的示范城市。

二是推动产业协作与创新协同。引导经济圈内各城市立足于自身产业梯度、发挥比较优势承接东部产业转移，尽可能拓展成渝双核及其周边城市产业门类和制造业大类。共建智能网联新能源汽车、电子信息制造业两大万亿级产业集群，共抓特色优势产业集群，建设世界级制造业产业集群和国家产业备份重镇。共同打造高能级创新平台，共同强化关键核心技术攻关，共同促进科技成果转化应用，构建良好创新生态。

三是进一步促进基础设施互联互通。着眼全面提升综合通达能力、能源保障能力、信息化能力，狠抓重大基础设施项目投资，更好夯实支撑高质量发展的基础。合力加快西部陆海新通道、亚欧通道和东向开放通道建设，优化通道布局。

四是推进公共服务共建共享。推动成渝地区双城经济圈户籍准入年限同城化累计互认、居住证互通互认，有序扩大户政业务"跨省通办"范围。打造便捷生活行动"升级版"，推动"川渝通办"能通则通、应通尽通，推出一批数字化应用试点，更好地提升川、渝两地群众生活便利度和舒适度。

五是稳妥推进经济区与行政区适度分离改革。完善合作规划一体化机制和规划跨区域对接机制，打通两省市投资项目在线审批监管平台，建立数据标准统一的合作共建项目储备库。试点实施《川渝高竹新区投资项目核准目录》，统一项目核准范围、权限等，适时向其他符合条件的毗邻平台推广。

（二）积极培育壮大西部地区其他城市群发展

进一步支持北部湾、关中城市群发展壮大，促进产业分工与协作，提升城市品质，增强在全国城市群中的竞争力。加快黔中、滇中、呼包鄂榆、兰西、天山北坡、宁夏沿黄城市群发育步伐，改善其内部基础设施条件，实现产业特色化、专业化发展，建设小而精、小而美的城市群。

（三）促进西部地区城市群多向开放、协同互动发展

加强城市群对周边欠发达地区、革命老区、边境地区、生态退化地区、资源型地区等发展的辐射带动。扩大成渝地区双城经济圈与云南、贵州两省的经济联系，促进西南地区协调发展；加强成渝双核与西安的协同互动，推动西南西北联动发展。

四、推进以县城为重要载体的城镇化建设

（一）推进以县城为重要载体的城镇化建设的内涵

县城是我国县域城镇化的重要空间依托与现实载体，是加快县域城乡融合发展的关键支撑与纽带。2021年，我国"中央一号文件"明确要求"加快县域内城乡融合发展""把县域作为城乡融合发展的重要切入点"。推进以县城为重要载体的城镇化建设、促进农业人口就近城镇化是当前我国新型城镇化战略深入实施的重要举措。国内学者很早就注意到了县城在城乡融合发展中的重要作用，认为县城是大、中、小城市和广大乡村地区的连接节点，是城市经济和乡村经济的交汇之处，是广大农村居民低成本实现市民化的有效途径。然而，长期的实践经验却表明，县城对城乡融合发展重要作用的发挥并未达到预想效果。其主要原因在于：①相较于大、中、小城市，大部分县城对资源要素的集聚能力明显不足。很多资源要素

仅仅在县城或县域进行中转，最终流向各层级的城市，这使得县城发展明显乏力，进而导致县域城镇化进程迟缓甚至停滞。②县域形成多极点带动局面较为困难。县域地域范围广袤，不仅包括县城、一般建制镇，还覆盖了广大的乡村地区，其发展同样需要极点带动，而现实中大部分县城发展不足，打造特色村镇等副中心就更为艰难。③经过改革开放多年的发展，县域经济分化较为明显，一些县城的衰落不可避免。从区域来看，东部地区县域经济平均发展水平要高于中、西部地区，其中苏、浙、鲁三省的全国县域经济百强县市数量最多。从一个地域来看，靠近大城市的县城有条件最先受到资源要素的扩散辐射，因而发展较好甚至也已经成为事实上的城镇化地区；一些县城因为能够承接产业转移等而打造成为周边区域的节点城镇；一些县城（可以称之为"一般县城"）因为离城市较远，产业发展困难、要素流失明显，只能维持发展现状；还有一些县城甚至因为农业劳动力向城市较大规模的流动而更多的只是发挥地域公共服务提供职能。

近年来，乡村振兴战略不断深入实施、城乡融合发展体制机制和政策体系逐步健全和完善等，为推进以县城为重要载体的城镇化带来了契机，并对县城发展提出了相应要求。具体表现在：①资源要素在城乡双向流动使县城得到了更多增强自身集聚能力的机会。县城具有在产业发展和基本公共服务提供方面的优越性，更是成为县域承接城乡要素尤其是城市要素的首善之地。②受国际金融危机、新冠疫情等影响，西部地区一些农村外出务工人员开始回流，出于对故土的眷恋、照顾亲情等方面考虑，有些人回到了自己以前生活的县市，无论创业还是养老定居，县城都是合理的选择之一。③随着乡村振兴战略的实施，一些乡村获得了产业发展机会而成为新的产业集聚地，这就要求它所在的场镇或者县城更好地提供公共服务。④很多研究表明，不少从乡村地域流动到县城的人口是为了让子女受到更好的教育，或者是为了照顾子女及其后代，这就对县城在优质教育、医疗等公共资源提供方面加大了需求。

由此，不难判断，推进以县城为重要载体的城镇化的一个很重要的方面便是解决好县城产业发展和优质基本公共服务提供问题。县城产业发展主要途径可能是承接产业转移、地方特色产业培育、新经济产业布局等。西部地区少数县城在长期发展中积累了较好的工业基础，它们反哺带动乡村发展的能力较强；在承接产业转移、新经济产业布局等过程中，也会崛起一些节点县城；大部分县城根据所处的区位、农业资源和生态环境等，仍会发展一、二、三产业融合产业。从某种程度上讲，鉴于县城发展分化趋势等，县城优质基本公共服务提供甚至比产业发展更为重要，这是增强人口集聚能力的重要方面。可见，除了来自国家、省、市的扶持外，西部地区还需要体制机制创新来补齐县城基本公共服务短板并坚持提档升级。

（二）推进以县城为重要载体的新型城镇化要注重"两个结合"

推进以县城为重要载体的新型城镇化，除了要突出县城产业发展、基本公共服务提供两方面外，还要与以下两个方面密切结合：

（1）与乡村振兴相结合。乡村振兴的内涵显然不是村庄振兴，其战略实施的空间范围应该是县域。推进以县城为重要载体的新型城镇化与乡村振兴结合，是新型城镇化与乡村振兴有效衔接最主要的着力点。新型城镇化与乡村振兴都是构建以工促农、以城带乡的新型城乡关系的基本点，两者都需要借助城乡融合理念和手段才能实现。新型城镇化蕴含着城乡融合理念，但它更强调城市作为城乡经济与社会发展的"火车头"作用；乡村振兴主要基于城镇化进程中乡村平等的发展权利而考虑，尽管有的乡村衰落甚至自然消亡不可避免，但对那些有条件振兴的乡村来讲，城乡融合发展绝不是城乡一样化、城乡同质化，乡村应该具备它作为人类社会活动的另一大主要空间的特色与功能。所以，推进以县城为重要载体的新型城镇化不能就县城这个相对狭小的地域而言，要在产业发展、宜居环境等方面与乡村振兴相衔接，这样才能真正做到加快县域内城乡融合发展。

（2）与特色村镇建设相结合。县域经济发展不仅要提升县城的综合服务能力，还要培育有潜力的特色村镇，形成多极点带动的局面。特色村镇建设实际上是乡村建设的内容，也是乡村振兴的应有之义，这里主要应突出县域内极点培育。要想加快县域内城乡融合发展，县城需要发挥好集聚和辐射带动作用，特色村镇产业发展既需要县城的综合服务能力支撑，也对县城的综合服务能力根据形势变化提出新的要求；在基本公共服务方面，特色村镇、一般村等不可能各搞一套，加上集约利用的考虑，也需要建立县城、乡镇、村三级统筹机制和办法。

（三）西部地区推进以县城为重要载体的新型城镇化政策诉求

1. 培育壮大县城特色优势产业

西部地区县域在促进特色优势产业发展方面下了很大功夫，已经形成了具有一定规模和配套关系的主导产业以及特色农业、商业等。在推进以县城为重要载体的新型城镇化建设中，有条件的县城要积极承接就业容量大、环境友好型的产业，而且尽可能地进行全产业链打造，培育一些富民产业。进一步巩固提升主导产业优势，引导县城产业集中集聚发展；依托特色农业推进一、二、三产业融合发展，产业链和价值链留在县域；加快县城大型商场、超市、卖场等发展，加强仓储和冷链物流设施建设，优化居民的消费和生活环境。

2. 支持县城提升基本公共服务供给水平

西部地区应抓住农村外出务工人员回流机遇，通过向上争取国家、省、市资金支持县城尤其是人口流入较多的县城，也要积极探索投入机制创新，重点提高教育、医疗、养老、就业培训等公共服务水平，增强农业转移人口在县城安家落户的意愿。加强县级医院、疾控中心和妇幼保健院建设，推进义务教育学校扩容增位和普通高中办学条件改善，增加公办和普惠性幼儿园托位供给，构建居家社区机构相协调、医养康养相结合的养老服务体系。推进县城运行一网统管、政务服务一网通办、公共服务一网通享，将县城建设成为数字城乡的重要枢纽。

3. 提升县城宜居水平

下大力气完善老城区、"城中村"等重点区域的污水收集管网，开展污水处理差别化精准提标。因地制宜建设生活垃圾分类处理系统，统筹做好医疗废弃物、危险废弃物、大宗固体废弃物收集处理。推动老旧小区改造，增建"口袋公园"、文化体育等配套设施，发展多样化、嵌入式便民服务。完善县域应急体系建设，以县城为应急中枢，做好安全生产和自然灾害防治常态化机制，增强县城发展韧性。

4. 加强县域乡村基础设施和公共服务一体化

推进县城基础设施向乡村延伸，探索建立城乡统一的基础设施管护运行机制。依托县城推进县域城乡基本公共服务标准统一、制度并轨，支持县级医院与乡镇卫生院建立紧密型医疗卫生共同体，发展城乡教育联合体等。

五、在县域城乡融合发展中积极培育特色村镇

（一）特色村镇的内涵

在发达国家前工业化阶段，亚当·斯密的《国富论》（1776）、杜能的农业区位理论（1826）对特色村镇建设具有重要的思想启蒙作用。19世纪末至20世纪前期，随着发达国家逐渐步入工业化后期，针对大城市发展带来的种种弊端，学者们开始关注村镇尤其是小城镇的规划与建设问题。20世纪50年代以来，发达国家在实现城镇化后，为了解决城镇化发展带来的种种问题，持续推进村镇建设。发展中国家针对快速工业化、城镇化过程中的城乡差距问题也积极开展村镇建设探索。我国著名社会学家费孝通将小城镇建设问题理论化为"小城镇大问题"，提出"离土不离乡"的农村城镇化道路（1983）。进入21世纪以来，发达国家普遍接受将生活质量特别是可持续性、平等和包容等问题提高到实现经济富裕的高度的乡村发展观，传统小镇日益成为人们向往的宜居宜业之地和旅游胜地。党的十八大以来，我国小城镇进入特色化发展时期，学者们很好地总结了东、西部地区特色小镇、特色小城镇发展的成效、经验及未来提升路径等。可见，特色村镇建设一直受到国内外学者关注，大城市与特色小城镇、特色村镇两者的发展并行不悖，前者产生了巨大的驱动力，引领创新，迸发活力，创造文明；后者融入自然，怡情舒心，释放人性，也会开出丰富灿烂的人文之花。

2017年"中央一号文件"强调"培育宜居宜业特色村镇"；党的十九届五中全会要求"实施乡村建设行动"，强调"把乡村建设摆在社会主义现代化建设的重要位置"；2021年"中央一号文件"提出"加快县域内城乡融合发展"，要求"把乡镇建设成为服务农民的区域中心"。结合2017年"中央一号文件""特色村镇"的提出以及2021年"中央一号文件""加快县域内城乡融合发展"新要求，我们对特色村镇内涵做一定义。特色村镇是中国特色社会主义现代化进程中新型工业化与农业现代化同步推进、新型城镇化与乡村振兴融合发展的底部产业支撑和空间节点。具体来讲，特色村镇是围绕有基础、有特色、有潜力的产业而建设的农业文化旅游"三位一体"，生产、生活、生态同步改善，一产、二产、三产深度融合的宜居宜业宜游空间载体；是加快县域内城乡融合发展的重要载体和现实途径，是促进农业高质高效、乡村宜居宜业、农民富裕富足的重要空间平台，是新型城镇化与乡村振兴融合发展的新节点。需要指出的是，特色村镇既包括特色小城镇，也包含以较大规模的中心村为依托发展而来的特色村落。

（二）西部地区县域城乡融合发展中特色村镇培育路径

1. 精准编制和完善特色村镇发展规划

特色村镇建设必须坚持规划先行，要以自然生态为本底，以人文传统为根脉，以区域比较优势为依据，优化县域城镇与乡村空间布局，做到不盲目大拆大建、不搞"大跃进"。立足新发展阶段国土空间整体管理要求，综合考虑土地利用、产业发展、居民点布局、生态保护和历史文化传承等因素，将西部地区特色村镇划分为新村、老村、古村等不同建设类型，确立不同的规划思路与重点，完善"多规合一"等体制机制，充分尊重农民意愿，精准编制和完善特色村镇发展规划。

2. 促进特色村镇产业高质量发展

西部地区特色村镇产业高质量发展要以农业为基础，以农民为主体，从构建产业体系、延伸产业链、建设空间载体、培育经营主体等方面探索努力。即以打造农业全产业链为核心，重点扶持农业种植、养殖和三产融合发展；坚持"粮头食尾""农头工尾"发展现代农产品加工业，健全生产、加工、仓储保鲜、冷链物流等全产业链；发展休闲农业、电子商务等新产业新业态；推进"一村一品"升级版、田园综合体、农村产业融合发展示范园发展；突出抓好家庭农场和农民合作社，完善利益联结机制，让农民更多分享产业增值收益。

3. 让居民在特色村镇中实现宜业又宜居

抓好农村人居环境整治提升，全面提升农村生产与生活条件，推动生产、生活、生态同步改善，从而让居民"望得见山、看得见水、记得住乡愁"，在特色村镇中实现宜业又宜居。要让居民在特色村镇中实现宜业又宜居，不仅需要寻求生产、生活、生态耦合的新载体，而且更为重要的是要进行体制机制创新。可以通过发展田园综合体、农村产业融合发展示范园等新载体，寻求生产、生活、生态耦合的体制机制。

4. 探索基础设施和基本公共服务县域乡村统筹机制

县城、城镇、乡村要从各自公共基础设施和基本公共服务的需求对象和服务对象出发，明确不同的建设重点，实施公共基础设施改善工程，探索县域乡村统筹机制，将乡镇建成服务农民的区域中心。以水、电、路、气、通信、广播电视、物流等公共基础设施建设为重点，加强多元化资金投入、运营管护等机制创新。以教育、医疗卫生、养老、社会保障等基本公共服务资源优化配置为重点，建立县域乡村统筹机制，满足特色村镇居民的实际需要。

第三节　西部地区优化新型城镇化空间形态的政策诉求

西部地区优化新型城镇化空间形态仍然需要加强政策支持，重点在于促进要素在城乡和区域之间自由流动，同时发挥政府必要的调节作用，通过东西联动、集聚集约发展、城乡融合发展等助推新型城镇化空间形态不断优化发展。

一、加快西部陆海新通道建设

促进西部陆海新通道建设有利于加快西部地区城市经济带快速崛起，也对推动长江经济带和粤港澳大湾区建设等国家重大战略发展、融入共建"一带一路"具有积极作用。一是加强铁路、港口等基础设施建设。发挥铁路骨干作用，加速黄百铁路、贵南高铁等关键铁路建设，不断完善服务配套措施，提升西部地区城市经济活力。加快广西北部湾国际门户港建设、打造海南洋浦区域国际集装箱枢纽港、完善果园等沿江港口设施等，不断提高港口综合实力和服务能力。二是进一步完善通道物流体系。抓好重大物流园区、物流产业项目建设，全力推动新加坡（广西南宁）综合物流产业园建设，持续放宽外资准入，改善外商投资环境，提高通道整体运行效率。三是促进通道与产业、贸易融合发展。西部陆海新通道不仅仅是新路网、新航线和新物流，更是一条经济通道、贸易通道和发展通道。以通道建设为牵引，培育打造高质量现代经贸走廊和现代产业走廊，发挥通道对沿线经济发展的带动作用，促进区域产业结构优化升级[①]。

二、增强新型城镇化发展的产业支撑

为了破解新型城镇化发展中的产业支撑薄弱难题，西部地区不仅要从东、西部协作角度解决好产业转移承接问题，还要立足本土实际情况，因地制宜发展特色产业。西部地区承接东部地区产业转移，关键在于推动集群式产业转移，从而形成与东部地区相当的产业集聚效应，实现上下游配套的生产企业、研发机构、服务机构向产业承接地进一步集中，并逐步向

---

① 李牧原. 推进西部陆海新通道进入高质量发展新阶段［J］. 中国远洋海运，2023（3）：34-41，9.

产业链、价值链高端攀升。西部地区承接东部地区产业转移要以大中城市（主要是省会城市和地级市）为重点，注重产城融合建设，使之成为现代制造业中心和经济成长中心，并为农民市民化提供可靠载体，避免县一级与地级市竞争产业发展机会，导致县域经济发展不起来，地级市也被拖垮①。同时，西部地区承接东部地区产业转移需要营造良好的营商环境，要保障各市场主体间的平等竞争，彻底清理各级政府在生产要素上的价格干预政策，尽快实现同要素同价格，破除产业转移的隐形行政壁垒。此外，西部地区应立足自身军工产业集群等优势，加强技术创新能力，发展高技术产业，提升自主创新能力。充分发挥农业、文化和生态等复合优势，积极探索特色产业高质量发展路径，筑牢新型城镇化发展的产业基础。

三、完善都市圈建设配套政策

健全政策协同联动机制。统筹产业布局，联合制定产业引导目录和产业地图，创新产业协作模式，加强产业政策对接，协调产业准入标准。加强基本公共服务制度衔接，完善区域公共服务便捷共享机制。建立税收征管一体化机制，推进电子税务局一体化建设，协同非税收入征收政策口径，探索跨省域毗邻地区税费征管服务一体化管理，推进就地分别解缴入库。促进资源整合和高效配置。试点推进建设用地增减挂钩节余指标跨省市交易、建设用地收储和出让统一管理。建立和完善成本共担、利益共享机制。建立健全项目建设协同投入机制，探索以土地使用权、生态要素等作价入股合作方式。建立利益分享机制，采取一事一议、平等协商的方式确定分配比例。研究探索生态受益地、资源输入地与生态保护地、资源输出地通过资金补偿、人才培训、共建园区等方式建立横向补偿机制。研究制定适应经济区与行政区适度分离改革要求的统计分算办法。加强都市圈考核评估，将都市圈建设列入当地政府和部门年度工作任务，适时开展督导检查和考核评估。

四、深化城镇投融资体制改革

因地制宜加大财政资金投入，进一步完善财政转移支付体系，建立与新型城镇化相适应的财政投入制度。完善以政府债券为主体的地方政府举

---

① 贺雪峰. 区域差异与中国城市化的未来 [J]. 北京工业大学学报, 2022 (5)：67-74.

债融资机制，发挥开发性、政策性和商业性金融支持作用，以教育、养老、医疗、绿色发展等公共领域为重点，提供规范透明、成本合理、期限匹配的融资服务。推进地方融资平台公司市场化转型，规范地方举债机制，盘活存量优质资产，打造竞争力强的地方基础设施和公共服务投资运营主体。拓宽多元化融资渠道，积极引导社会资本参与城市开发建设运营。研究利用可计入权益的可续期债券、项目收益债券等创新形式推进基础设施市场化融资，开展符合条件的运营期项目资产证券化可行性研究。

五、构建促进人口有效流动的管理制度

完善城镇化进程中人才自由有序流动政策，推动"人才争夺战"向人才有序流动机制转变，扶持重点地区的人才引进战略，规范人才流动的市场化机制。缩小城市之间、区域之间基本公共服务差距是促进人口合理流动的重要途径。改变政府在公共资源配置方面对大城市倾斜的倾向与做法，缩小大城市与中小城市在基本公共服务水平上的差距。加大对县级城市和重点小城镇发展的产业支撑，加强公共资源的投入力度，进而强化它们对人口的集聚效应，使它们成为农民就近城镇化的重要平台。盘活人口流出地的空间资源，满足人口新发展趋势的空间需求。抢抓乡村振兴战略深入实施机遇，引导各类人才下乡进行创业和服务等活动。

第七章 西部地区推进新型城镇化过程中体制和政策创新的相关建议

按照党的二十大报告"推进以人为核心的新型城镇化"以及《国家新型城镇化规划（2021—2035 年）》《"十四五"新型城镇化实施方案》等要求，西部地区要结合自身实际，将破解城乡二元结构体制和政策难题放在更加重要的地位，进一步健全城乡融合发展的体制机制和政策体系，坚持走以人为本、四化同步、优化布局、生态文明、文化传承的中国特色新型城镇化道路，从而为我国加快构建新发展格局、全面建设社会主义现代化国家贡献积极力量与宝贵智慧。

第一节 牢固树立新型城镇化"以人为本"理念

相对于东部地区，西部地区推进新型城镇化的过程中受城乡二元结构体制和政策影响更为明显和严重，既有客观原因，也有主观原因。在传统增长理念路径依赖倾向下，西部地区不少基层领导干部在实践中主观上"重物轻人"，追求"土地城镇化"和"空间城镇化"，更是强化了城乡二元结构体制和政策的影响，对城镇化质量的提升大为不利。因此，西部地区牢固树立新型城镇化"以人为本"理念、坚持走中国特色新型城镇化道路更为重要和迫切。

一、深刻理解新型城镇化"以人为本"理念内涵

新型城镇化的提出以"人"为出发点，关注广大人民群众的现实需求

和切身利益，政策和思路越来越清晰。为了全面建成社会主义现代化强国、实现第二个百年奋斗目标，党的二十大报告再次强调"加快农业转移人口市民化""人民城市人民建""人民城市为人民"等。因此，进一步加强西部地区广大基层领导干部对新型城镇化"以人为本"理念内涵的认识很有必要。"以人为本"理念要求强化城镇化质量导向，要认识到城镇化率不是越高越好，城市规模也不是越大越好，要将进城农民享受城镇基本公共服务的状况作为衡量的重要方面，强调的是城乡发展全体人民共建共享，要关切和回应全体人民共同富裕和对美好生活不断追求的需要，从而走出一条可持续发展的城镇化道路。"以人为本"理念强调开辟生态文明的新路，摒弃人类社会已经经历的"先污染、后治理"的老路，要求因地制宜地利用、发挥好广大农村地区农业资源和生态环境的优势，使和美乡村与发达都市相得益彰。在这个方面，西部地区具有独特优势，千万不能通过简单移植城市要素等，忽视、掩埋甚至消灭这个优势，否则得不偿失。"以人为本"理念要尊重城镇化发展的自然规律与进程，要给予足够的耐心。中国式现代化是人口规模巨大的现代化，中国的城镇化也是人口规模巨大的城镇化；我国每增加1个百分点的城镇化率，就意味着增加1 400万城市人口[1]，牵涉面甚广，不能急于求成，只能循序渐进。

二、进一步完善领导干部新型城镇化政绩考核制度

（一）探索相对科学的领导干部新型城镇化政绩考核指标体系

完善考核指标体系是新型城镇化落实"以人为本"理念的重要方面。西部地区应积极探索导向正确、易于获取、接地气的新型城镇化政绩考核指标。城镇化涉及面极广，同时国家层面也未出台专门的城镇化考核指标，目前很多地方对新型城镇化的考核多落在理念上，同时有些地区依然在按照行政管理方式考核农转非数量。建议参照《国家新型城镇化规划（2014—2020）》《国家新型城镇化规划（2021—2035年）》《"十四五"新型城镇化实施方案》以及各省、市"十四五"新型城镇化规划中的主要目标，选取相关指标，因地因时制宜地形成地方领导干部新型城镇化政绩考核指标体系。要彻底杜绝以行政命令方式下达每年农转非指标的领导干部新型城镇化政绩考核的做法。

---

① 李国平，孙瑀. 以人为核心的新型城镇化建设探究 [J]. 改革，2022（12）：36-43.

（二）构建参与式的领导干部新型城镇化政绩考核模式

结合新型城镇化要求，应当建立和完善针对领导个体和组织集体的、公众多元参与的绩效考核模式。具体来说，应制定相对统一完善的参与式领导干部新型城镇化政绩考核机制及程序，并畅通群众参与评价和监督政绩考核的渠道。例如利用现代网络传媒技术，加快建立健全针对不同群体和阶层群众的"参政议事"平台。建立参与式监督办法，包括通过集中讨论、公开宣传、匿名投票、交互检查、实名举报等办法，切实保障落实有效监督。

（三）推进领导干部新型城镇化政绩考核结果的应用

为将"以人为本"理念落到实处，西部地区还应努力实现领导干部新型城镇化政绩考核结果的价值转化。建立领导干部新型城镇化政绩考核的终身责任制，不同阶段的新型城镇化政绩考核评价结果将作为该阶段内主要负责人的行为事实长期登记在册，以此作为今后可能出现的各种问题的原始追溯源，以此减少"人走政改"带来的许多政策"烂尾"现象。建立领导干部新型城镇化绩效评估的相关制度，以减少新任官员或政府机构为追求政绩而对往届政府行为进行全面否定。

三、提升城市综合治理水平

适应城乡融合发展趋势，构建多元主体相互协同的城市社区治理模式，在城乡接合部等城乡人口集聚的区域，探索建立城乡融合的新型治理模式，促进和谐社区建设。坚持属地管理原则，对流动人口由流入地来管理，促使电信、石油等中央企业在当地承担相应的社会责任。兼顾城市城区目前及未来常住人口规模，创新公共资源提供机制，进一步完善市政公用设施，不断优化社区生活服务网络，扩大普惠性养老、幼儿园和托育服务供给，更加注重城市人居环境质量，持续不断地建设宜居城市。将县城的宜居水平建设放在更加重要的地位，夯实县城产业基础及相关产业配套，实现基本公共服务的全覆盖和均等化，并不断提升教育、医疗、养老等公共服务的品质，更好地满足农民到县城安家就业的生产和生活需要，加快农民就地城镇化进程。积极探索智慧技术赋能，促进城市电力、燃气、交通、水务、物流等公共基础设施智能化改造，推进社会治理网格化管理，提高城市的科学化精细化管理水平。

第二节　着力提升农业转移人口市民化质量

在当前及未来的很长时期内，农民进城仍然是大趋势，农业转移人口市民化仍是新型城镇化建设的核心所在。西部地区未来农业转移人口规模仍较大，同时相对于东部地区而言，其推进户籍制度改革、城镇基本公共服务常住人口充分享有等方面具有成本相对较低、收益相对较高的特点。因此，西部地区应尊重和适应人口流动趋势，在前期探索努力的基础上着力提升农业转移人口市民化质量，既能让农业转移人口和其他非户籍人口"进得了"城镇，又能在城镇"留得住"，切实增强他们在城镇的获得感、幸福感和安全感。

一、加强大城市户籍制度改革探索

全面破除大城市落户限制，真正回归户口的人口信息登记管理功能，彻底摒弃以户籍与城镇基本公共服务挂钩、与抢人挂钩的做法。鼓励农业转移人口和其他非户籍常住人口就近在城镇或经常居住地落户，对暂时不愿落户的，为其办理居住证，享受与城镇居民同等的基本公共服务。可以考虑借鉴前期一些城市探索的积分权益制，完善积分指标体系，将常住与缴纳社保作为享受城镇基本公共服务的主要指标，简化相关资料审核程序，并加强相关部门之间的配合与协调。大力推动户籍业务"放管服"改革，实行"就近办""一次办"以及"省内通办""跨省通办"等便民服务措施，提高农业转移人口和其他非户籍常住人口户籍登记、迁徙的便利度。避免就户籍制度谈户籍制度，继续加强户籍制度改革与农村产权制度改革、社保政策、住房政策等的协调联动，保障户籍制度改革的有效性。

二、推动常住人口充分享有城镇基本公共服务

加快探索居住证与身份证功能衔接并轨路径，健全以居民身份证号码为标识、与居住年限相挂钩的基本公共服务提供机制，稳步实现基本公共服务由常住地供给、覆盖全部常住人口。按照"以流入地政府管理为主、以公办学校接收为主"的原则，将流动人口随迁子女接受义务教育、中等职业教育、高中教育、普惠性学前教育等全部纳入流入地区县义务教育、

保障范围。放开居民在常住地参加社会保险的户籍限制。加快构建以公租房、保障性租赁住房、共有产权住房为主体的住房保障体系，多元化满足新市民、年轻人等群体租房购房需求。

三、探索财政转移支付与农业转移人口市民化挂钩机制

着力探索建立财政转移支付同农业转移人口市民化挂钩的机制，具体可采取专项转移支付按照相关政策规定安排保障，而一般性转移支付实行转移人口变化或转移支出成本挂钩安排两种方式。构建农业转移人口市民化成本由政府、企业和个人共同分担的体制机制。建立农业转移人口市民化成本分担机制，既有利于防止政府大包大揽行为，也有利于克服政府甩包袱倾向。明确中央财政和省级财政主要承担农村转移人口市民化中劳动技能培训、随迁子女教育等社会成本，地方政府主要承担社会保障成本、基础设施和公共服务扩建成本。建立企业分担就业培训、权益维护、社会保障和住房条件改善成本的机制，发挥其在促进农村转移人口市民化中的积极作用。农业转移人口市民化是基于自身未来发展的理性判断与选择，因此他们应该承担相应的城镇生活、商品房购买等成本。切实维护进城农民的土地承包权、宅基地使用权、集体经济收益分配权等财产权益，增加进城农民市民化的原始积累。在有条件的县、重点镇开展"人地挂钩"试点，可采取"地随人走"和"城乡土地小挂钩"两种试验方式。

四、构建城镇常住人口平等就业创业制度

搭建县域用人单位和求职者双向对接平台，促进劳动者就地就近就业，有效化解招工难和就业难问题。以市场需求为导向，大力推广"招工、培训、就业（创业）""三位一体"工作方式，有效提升培训就业率。健全与东部省市劳务输入输出对接协调机制，共同完善农民工服务体系，加强劳动力跨区域精准对接。保障农业转移人口就业权益，与城镇户籍劳动者享有公平的就业机会、职业发展机会、同工同酬。贯彻落实就业和失业登记相关政策，将转移就业的农村劳动者纳入城镇就业登记范畴，将居住半年以上的城镇常住人口纳入失业登记范围，平等享受城镇基本公共服务，并按规定享受就业援助政策。

第三节　完善城乡融合发展的体制和政策

在未来很长一段时期，西部地区仍要以打破城乡二元结构体制和政策为重要突破点，坚持城乡融合发展的思路与路径，继续深入探索城乡产业协同发展、城乡土地和金融等要素自由有序流动、城乡基本公共服务均等化、城乡基础设施一体化等方面，推进新型城镇化真正做到以人为本。

一、推进城乡土地制度改革

土地是我国城镇化发展最重要的要素，加快土地制度创新是西部地区推进新型城镇化发展的核心任务和基础环节。借鉴成都案例的普适性经验，西部地区应将城乡土地制度改革的重点放在农村土地产权明晰、农村土地经营权有效流转等方面，从而赋予农民充分的土地财产权利，保障土地资源得到最有效最集约利用。

（一）全面推进农村产权确权颁证

明晰产权关系是农村土地还权赋能改革的基础。全面扎实开展农村集体土地所有权、土地承包经营权、宅基地使用权、农村住房所有权、林地使用权以及农村其他资源性、经营性资产的确权颁证，既要防止选择性地开展某一项或几项农村产权的确权颁证，也要避免因畏难而走过场的不良倾向。加强总结成都农村产权"长久不变"的经验，推广"长久不变"的做法。研究制定农村土地继承的办法。加快完善农村产权管理和服务机制，对产权变更、纠错等做到常态化管理，建立和完善农村产权纠纷调处、法律援助、仲裁等农村产权保护制度体系。

（二）切实加强法律法规支撑

修改《中华人民共和国土地管理法》，允许符合土地利用总体规划和城乡规划的农村集体经营性建设用地，与国有建设用地享有同等权利，在符合规划、用途管制的前提下，可以出让、租赁、入股，完善入市交易规则、服务监管制度和土地增值收益的合理分配机制。废除《中华人民共和国物权法》《中华人民共和国担保法》与《中华人民共和国土地管理法》中对农村集体所有土地使用权不得抵押的限制性规定，允许农村流转和抵押耕地、宅基地、自留地、自留山等集体所有的土地使用权。

（三）积极推动农村土地产权的流转交易

应努力避免以往行政主导的农村土地流转模式，积极发挥市场在资源配置中的基础性决定性作用，同时也要响应农民利益诉求，建立农村土地产权的退出机制。为此，一是要建立符合实际需求的农村产权流转交易市场，探索农村土地流转价格评估的科学方法，进一步规范农村产权交易行为和交易秩序，保障农村产权依法自愿公开公正有序交易。二是完善农村承包土地经营权抵押、担保试点指导意见，继续推进农民土地承包经营权有偿退出试点。三是建立宅基地有偿使用制度和自愿有偿退出机制，打通农民住房财产权抵押、担保、转让的有效途径，并严格防范宅基地退出和农民住房流转交易中可能出现的各种风险。四是借鉴东部或成渝地区集体经济组织成员界定的经验，在风险可控的范围内鼓励集体资产股权在城乡之间进行开放式流转。五是加强农村集体经营性建设用地入市后的监管和利益分配。

（四）进一步完善土地指标交易制度

建立全国范围的土地指标交易制度。西部农村居民涌入东部城市，为发达城市发展贡献了劳动，却无法分享东部发达城市发展带来的土地增值收益。因此，要扩大土地指标交易范围，实施东部发达地区对西部地区农村反哺。建议将城乡土地增减挂钩范围从市域或县域范围推广到省域乃至全国范围，用东部大城市极高的土地增值收益反哺西部偏远落后农村。现阶段可考虑将重庆农村土地交易所和成都农村产权交易所的交易范围先连接到上海、深圳等大城市，其后扩大到全国。在全国范围内利用东、中、西部不同区域的土地租值差异，通过土地杠杆实现东部城市反哺中、西部农村。

二、加强城乡金融体制创新

为了缓解新型城镇化建设中的资金供求矛盾，西部地区应将城乡金融一体化作为努力的重要方面之一，以构建多层次农村金融体系为着力点，以农村产权制度改革为重要契机，加强金融产品和服务创新，同时国家也要给予西部地区金融体制改革更多政策支持。

（一）以"内生性"金融组织培育为重点，构建多层次农村金融体系

各种农村"内生性"金融组织扎根农村，真正服务于"三农"，更重要的是，它通过克服信息不对称问题以及降低交易成本和监督成本等，能够有效应对农村金融"成本高、风险高"的核心问题。一是明确农村资金

互助组织的定位和地位。尽快出台相关法律法规文件，赋予农村资金互助组织相应的法律地位，并明确管理部门和管理办法，同时研究制定财政资金扶持办法，使农村资金互助组织的发展步入正轨，成为我国多层次农村金融体系中的重要成员。二是引导和鼓励农民专业合作社开展信用合作。在农民自愿、风险可控的前提下，政府相关部门应积极引导和鼓励农民专业合作社积极稳妥地开展信用合作。

（二）推进农村产权抵押担保方式创新

深化农村产权制度改革，将农村产权抵押担保方式创新由局部试验转向全面突破。通过修订《中华人民共和国物权法》《中华人民共和国农村土地承包法》和《中华人民共和国担保法》等，允许农村集体经营性建设用地、土地承包经营权、集体资产股份、宅基地使用权和住房财产权等用于抵押。在农村产权确权颁证的基础上，健全专业的农村产权评估组织，实现农村产权抵押品的融资变现功能。鼓励发展适应农村特点、为农服务的担保机构。一方面，建立农民自愿、民间资金投入的内生性农村担保机构；另一方面，鼓励地方政府出资建立农村担保公司，构建"政府引导、民资参股、市场化运作、收益共享、风险共担"的农村信贷担保机制。

（三）加强金融产品和服务创新

突出现代农业和农村转移人口市民化等重点领域，加强金融产品和服务创新。一是加大对新型农业经营主体的金融支持。鼓励金融机构扩大对种养大户资金发放额度，鼓励龙头企业、基地、农业贷款担保公司和各类农村行业协会等为农户提供担保，同时扩大抵押担保品范围，在具备条件的地方开办各种动产不动产抵押，逐步解决新型农业经营主体贷款担保难问题。二是开发支持产城融合发展项目、进城农村人口创业就业和消费升级的金融产品，加快新型城镇化进程。

三、逐步实现城乡基本公共服务均等化

当前，完善城乡基本公共服务体系有"均等化"和"一体化"两种理念。国内理论界对"均等化"按照"相等"和"一致"的含义理解，强调了城乡居民在权利拥有和服务享受上的无差别性。城乡基本公共服务"一体化"的核心内容体现在动态协调性，注重政策体系的互补，强调过程的协同性并允许存在差异性。"均等化"实际上是"一体化"的终极目标。但是，就西部地区现状来看，财力保障和体系建设差距较大，推进城

镇基本公共服务完善显然缺乏均等化的现实基础。城乡基本公共服务均等化难以短期内在西部欠发达地区实现，但可以将它作为一种理念通过其他渐进手段逐步靠近。

因此，应当结合西部欠发达地区发展实际，围绕"一体化"模式进行全覆盖，作为初期城乡公共服务体系完善的基本路径，以完善城乡居民平等享受城市公共服务的权利制度为主，同时设置丰富的公共服务档次，即成都"全覆盖，多档次"的经验。全面清理与户籍制度相关联的基本公共服务和社会福利，禁止任何新出的基本公共政策与户籍制度挂钩。努力做到各类基本公共服务对城乡群众全覆盖，并推进包括社保在内的各种公共服务资源低成本衔接、转换，实现省内跨市甚至跨省的不同种类社会保障的并轨和接续。要进一步改革社会保障制度，体系可以不变，但可以在原有制度基础上增设若干个缴费水平较低的档次，供城乡劳动者根据自己实际情况自愿自由选择。

四、推进城乡基础设施一体化

当前，城乡基础设施建设方面的差距仍较明显，需要继续以城乡融合发展的思维加强乡村基础设施建设水平，营造良好的人居环境，将城乡基础设施一体化水平提高到新的发展阶段。

推动城乡基础设施一体化。坚持先建机制、后建工程，推进城乡基础设施统一规划、统一建设，以区县域为整体，并将城郊乡村及规模较大的中心镇纳入重要市政公用设施布局，统筹设计城乡路网、供水、燃气、电力、通信、物流配送、污水收集和垃圾处理等设施，同步推进跨行政区域城乡基础设施规划建设。完善级配合理的城乡路网，提高乡村公路通达深度，扩宽"瓶颈路"、打通"断头路"，跨区域开行乡村客运公交。建设联结城乡的冷链物流、电商平台、农贸市场网络，建设重要农产品仓储设施和城乡冷链物流设施。有序推进城镇老旧小区、老旧厂区、老旧街区、棚户区、"城中村"和城乡接合部改造。

加强乡村基础设施建设。健全分级分类建设投入机制，以政府投入为主，建设公益性强、经济性差的设施；以企业投入为主，建设有一定经济收益的设施；积极探索购买服务、公私合作等方式，引导企业和社会组织参与政府主导、财政支持的农村公益性基础设施建设、管护和运用。探索农村基础设施和公共服务村民自选、自建、自管、自用机制。

第四节　加大对西部地区新型城镇化改革创新的支持力度

与东部发达地区相比，西部地区新型城镇化进程不仅滞后而且内部发展极不均衡，如果不加大国家对西部地区新型城镇化改革创新的支持力度，难以激发西部地区推进新型城镇化发展的内在动力。与此同时，新型城镇化发展水平与改革创新并行不悖，西部地区需要更多的改革探索权限与发展机遇。

一、适度降低西部地区事权支出责任

西部地区各省（自治区、直辖市）政府不仅承担了自身的事权，还承担着诸如国防安全、生态环境保护与建设、科技研发等中央与地方共担或中央委托地方的事权。因此，要充分考虑西部地区的区域发展实际和财力水平，按照受益范围和溢出效应原则，分中央独立承担、地方独立承担、中央和地方共同承担、中央委托地方等类型，合理划分中央与地方政府之间、省以下政府之间的事权和支出责任，适当或较大幅度地降低地方政府对这些事权的支出责任。

二、进一步优化财政转移支付制度

继续加大国家对西部地区的财政转移支付力度，同时优化财政转移支付的结构。当前，中央财政针对西部地区产业发展和城镇化推进的转移支付基本都围绕着重工业基地建设、水电工程建设、重要交通枢纽建设等项目建设，这些项目的市场扩散效益有限，无法辐射更大范围受益。因此，应当转向对西部地区的粮食价格、社保补贴和生产与生活基础设施建设的财政转移支持，从而为西部地区新型城镇化发展、乡村振兴以及两者的有效衔接奠定较好的基础。此外，目前中央财政的转移支付往往都带有较强的专项性，细化到具体的实施项目，存在脱离地方实际的情况，导致投放效率较低。对此，应当给予地方政府更多的转移财政支配权，让其与地方发展规划更好地契合。

三、向西部地区倾斜重大项目和重大投资布局

建议国家从推动东、西部城镇化非均衡协调发展的角度考虑，向西部

地区倾斜重大项目布局，尤其是加大对西部地区中心城市和区域中心城市在基础设施等方面的重大项目、重大投资的布局。这样不仅有利于显著提升西部地区中心城市、区域中心城市的经济总量和公共服务发展水平，而且好的项目会带动银行资本、社会资本等进入，有利于解决困扰西部地区新型城镇化建设的资金短缺问题。

四、给予西部地区更多改革试点权限和发展机遇

西部地区新型城镇化改革探索的动力并不弱，甚至更有动力，因此建议国家给予西部地区更多改革试点权限和发展机遇，比如设立西部民族地区推进以县城为重要载体的城镇化建设的试点县市等。改革试点县市的选取可考虑依据以下原则：一是要注意"两个结合"。即省级遴选与自我申报相结合、发达地区与欠发达地区相结合，要特别注重自我意愿，要有谋改革思发展的担当和勇气，不搞平衡主义。二是具备前期专项改革试点及取得成效的基础。改革探索内容一般以问题为导向，并且环环相扣。如果没有前期重要改革探索做支撑、在改革经验方面"一穷二白"，推进新型城镇化的体制和政策改革创新很难取得实际效果。三是制订改革方案并得到省级批复同意是重要前提。改革试点方案要全面贯彻"创新、协调、绿色、开放、共享"新发展理念，避免就改革谈改革；同时要突出核心改革内容，不能面面俱到。四是当地党委和政府统筹、部门协作是重要保障。仅凭单个部门努力，难以打赢推进新型城镇化过程中的体制和政策创新改革这场硬仗。必须跳出单个部门思维，由当地党委和政府来统筹。

参考文献

［1］布赖恩·贝利. 比较城市化：20 世纪不同的道路［M］. 北京：商务印书馆，2008.

［2］林广，张鸿雁. 成功与代价：中外城市化比较新论［M］. 南京：东南大学出版社，2000.

［3］周伟林，严冀. 城市经济学［M］. 上海：复旦大学出版社，2004.

［4］林凌. 中国经济的区域发展［M］. 成都：四川人民出版社，2006.

［5］周其仁. 城乡中国［M］. 修订版. 北京：中信出版社，2022.

［6］倪鹏飞. 中国新兴城市化道路：城乡双赢：以成都为案例［M］. 北京：社会科学文献出版社，2007.

［7］国家信息中心. 西部大开发中的城市化道路：成都城市化模式案例研究［M］. 北京：商务印书馆，2010.

［8］陆玉麒. 区域双核结构理论［M］. 北京：商务印书馆，2016.

［9］学习贯彻习近平新时代中国特色社会主义经济思想 做好"十四五"规划编制和发展改革工作系列丛书编写组. 推进以人为核心的新型城镇化［M］. 北京：中国市场出版社，2020.

［10］高杰. 成都市城乡关系变迁的理论与实践研究［M］. 成都：西南财经大学出版社，2022.

［11］习近平. 高举中国特色社会主义伟大旗帜 为全面建设社会主义现代化国家而团结奋斗：在中国共产党第二十次全国代表大会上的报告［M］. 北京：人民出版社，2022.

［12］国家发展和改革委员会，何立峰，胡祖才. 国家新型城镇化报告［M］. 北京：人民出版社，2022.

［13］洪银兴，陈雯. 城市化和城乡一体化［J］. 经济理论与经济管

理，2003（4）：5-11.

［14］高帆. 论二元经济结构的转化趋向［J］. 经济研究，2005（9）：91-102.

［15］厉以宁. 论城乡二元体制改革［J］. 北京大学学报（哲学社会科学版），2008（2）：5-11.

［16］陆铭，陈钊. 在集聚中走向平衡：城乡和区域协调发展的"第三条道路"［J］. 世界经济，2008（8）：57-61.

［17］刘勇. 我国城市群演进轨迹与前瞻［J］. 改革，2009（4）：98-109.

［18］王小鲁. 中国城市化路径与城市规模的经济学分析［J］. 经济研究，2010（10）：20-32.

［19］曹宗平. 西部地区既有城镇化模式的弊端与现实选择偏好［J］. 当代经济研究，2011（2）：60-64.

［20］陆铭，向宽虎，陈钊. 中国的城市化和城市体系调整：基于文献的评论［J］. 世界经济，2011（6）：3-25.

［21］李宾，马九杰. 城镇化能够推动城乡统筹发展吗？：基于1991—2010年数据的分析［J］. 中国农村观察，2013（2）：65-74.

［22］叶裕民. 中国城市化与统筹城乡发展基本概念解析［J］. 湖南城市学院学报，2013（3）：1-7.

［23］梁琦，陈强远，王如玉. 户籍改革、劳动力流动与城市层级体系优化［J］. 中国社会科学，2013（12）：36-59，205.

［24］何雄浪，毕佳丽. 我国西部地区新型城镇化发展路径探索［J］. 中国井冈山干部学院学报，2014（1）：130-135.

［25］彭希哲，万芊，黄苏萍. 积分权益制：兼顾户籍改革多重目标的普惠型制度选择［J］. 人口与经济，2014（1）：28-36.

［26］邹一南. 城镇化的双重失衡与户籍制度改革［J］. 经济理论与经济管理，2014（2）：39-49.

［27］张秀利，祝志勇. 城镇化对政府投资与民间投资的差异性影响［J］. 中国人口·资源与环境，2014（2）：54-59.

［28］辜胜阻，刘江日，曹誉波. 民间资本推进城镇化建设的问题与对策［J］. 当代财经，2014（2）：5-11.

［29］汪阳红，贾若祥. 我国城市群发展思路研究：基于三大关系视角［J］. 经济学动态，2014（2）：74-83.

［30］丁萌萌，徐滇庆. 城镇化进程中农民工市民化的成本测算［J］. 经济学动态，2014（2）：36-43.

［31］黄瑞玲，谈镇. 构建三位一体的新型城镇化融资机制［J］. 中共中央党校学报，2014（3）：81-85.

［32］孙中伟，王滂，梁立宾. 从"劳动权"到"市民权"："福利三角"视角下农民工养老保险参与意愿［J］. 华南师范大学学报（社会科学版），2014（3）：108-117.

［33］魏后凯. 中国城镇化进程中两极化倾向与规模格局重构［J］. 中国工业经济，2014（3）：18-30.

［34］皮亚彬，薄文广，何力武. 城市区位、城市规模与中国城市化路径［J］. 经济与管理研究，2014（3）：59-65.

［35］张国胜，陈瑛. 我国户籍制度改革的演化逻辑与战略取向：以农民工为例的新政治经济学分析［J］. 经济学家，2014（5）：78-86.

［36］黄祖辉. 以新型城镇化引领城乡一体化发展［J］. 农业经济与管理，2014（5）：12-15.

［37］陈玉梅，吕萍. 新型城镇化建设的制度创新：综合动因与体系架构［J］. 江海学刊，2014（6）：79-85，238.

［38］罗丽英，卢欢. 公共产品投入对城镇化进程的影响［J］. 城市问题，2014（8）：14-20.

［39］冯俏彬. 农民工市民化的成本估算、分摊与筹措［J］. 经济研究参考，2014（8）：20-30.

［40］国务院发展研究中心农村部课题组. 从城乡二元到城乡一体：我国城乡二元体制的突出矛盾与未来走向［J］. 管理世界，2014（9）：1-12.

［41］左言庆，陈秀山. 城市辖区行政区划调整的时空格局研究［J］. 学习与实践，2014（9）：13-24.

［42］王成新，崔学刚，王雪芹. 新型城镇化背景下中国"城市群病"现象探析［J］. 城市发展研究，2014（10）：12-17.

［43］许彩玲，李建建. 城乡经济互动发展：马克思、恩格斯城乡关系思想的当代视界［J］. 经济研究参考，2014（11）：76-80，91.

［44］余壮雄，李莹莹. 资源配置的"跷跷板"：中国的城镇化进程［J］. 中国工业经济，2014（11）：18-29.

［45］熊万胜. 新户籍制度改革与我国户籍制度的功能转型［J］. 社会科学，2015（2）：78-88.

［46］魏后凯，盛广耀. 我国户籍制度改革的进展、障碍与推进思路［J］. 经济研究参考，2015（3）：6-17，41.

［47］文华. 我国地方政府户籍制度改革的案例比较分析［J］. 北京工业大学学报（社会科学版），2015（3）：44-50，55.

［48］李长亮. 中国西部新型城镇化发展思路探索［J］. 西北民族大学学报（哲学社会科学版），2015（3）：107-112.

［49］孙淑云. 顶层设计城乡医保制度：自上而下有效实施整合［J］. 中国农村观察，2015（3）：16-23.

［50］岳晓琴，艾勇军. 现行户籍制度改革难以承受之重：由"人—地"双重失控引发的思考［J］. 规划师，2015（4）：144-149.

［51］胡浩，魏后凯，晏世琦. 中国西部城镇化的空间格局优化研究［J］. 开发研究，2015（5）：1-7.

［52］李文宇. 城乡分割会走向城乡融合吗：基于空间经济学的理论和实证分析［J］. 财经科学，2015（6）：71-83.

［53］李圣军. 中国城镇体系演变历程与新型发展模式［J］. 石家庄经济学院学报，2015（6）：38-44.

［54］周庆智. 城镇化建设中的户籍制度及其改革：对汉中市户籍制度改革的制度分析［J］. 江汉论坛，2015（11）：60-66.

［55］郭晓鸣，张克俊，高杰. 推进城乡要素自由流动体制机制改革的探索与思考：以成都市为例［J］. 经济论坛，2016（1）：100-106.

［56］尹来盛. 辖区合并与经济绩效：基于京津冀、长三角、珠三角的经验研究［J］. 经济体制改革，2016（1）：50-56.

［57］陈耀，汪彬. 大城市群协同发展障碍及实现机制研究［J］. 区域经济评论，2016（2）：37-43.

［58］杨佩卿，姚慧琴. 西部城镇化的历史演变、特征及未来路径［J］. 西北大学学报（哲学社会科学版），2016（3）：107-113.

［59］涂一荣，鲍梦若. 超越工具理性：我国户籍制度改革的实践反思［J］. 华中师范大学学报（人文社会科学版），2016（4）：11-18.

［60］汪波. 中国城市群治理：功能变迁、结构透析与湖泊效应［J］. 城市观察，2016（5）：32-40.

[61] 张晓敏, 张秉云, 张正河. 人口要素流动门槛变迁视角下的户籍制度改革 [J]. 哈尔滨工业大学学报 (社会科学版), 2016 (6): 68-73.

[62] 张国胜, 陈明明. 我国新一轮户籍制度改革的价值取向、政策评估与顶层设计 [J]. 经济学家, 2016 (7): 58-65.

[63] 龙启蒙, 傅鸿源, 廖艳. 城乡一体化的资本困境与突破路径: 基于西方马克思主义资本三循环理论的思考 [J]. 中国农村经济, 2016 (9): 2-15.

[64] 王利伟, 冯长春. 转型期京津冀城市群空间扩展格局及其动力机制: 基于夜间灯光数据方法 [J]. 地理学报, 2016 (12): 2155-2169.

[65] 李玉红. 城市化的逻辑起点及中国存在半城镇化的原因 [J]. 城市问题, 2017 (2): 14-19.

[66] 曾小春, 钟世和. 我国新型城镇化建设资金供需矛盾及解决对策 [J]. 管理学刊, 2017 (2): 26-39.

[67] 陈波, 张小劲. 城市户籍制度改革的困境与突围: 来自深圳的经验启示 [J]. 深圳大学学报 (人文社会科学版), 2017 (3): 38-45.

[68] 孙文凯. 中国的户籍制度现状、改革阻力与对策 [J]. 劳动经济研究, 2017 (3): 50-63.

[69] 刘守英. 中国土地制度改革: 上半程及下半程 [J]. 国际经济评论, 2017 (5): 29-56.

[70] 刘守英, 路乾. 产权安排与保护: 现代秩序的基础 [J]. 学术月刊, 2017 (5): 40-47.

[71] 李圣军, 史冰清. 新型城镇化建设的制度变迁 [J]. 郑州航空工业管理学院学报, 2017 (6): 42-50.

[72] 郁建兴, 张蔚文, 高翔, 等. 浙江省特色小镇建设的基本经验与未来 [J]. 浙江社会科学, 2017 (6): 143-150, 154, 160.

[73] 付晓东, 蒋雅伟. 基于根植性视角的我国特色小镇发展模式探讨 [J]. 中国软科学, 2017 (8): 102-111.

[74] 孟延春, 谷浩. 中国四大板块区域城镇化路径分析: 以县 (市) 行政区划调整为例 [J]. 城市发展研究, 2017 (10): 54-60.

[75] 贺雪峰. 现行土地制度与中国不同地区土地制度的差异化实践 [J]. 江苏社会科学, 2018 (5): 21-30, 273.

[76] 陈建军, 陈菁菁, 陈怀锦. 我国大都市群产业—城市协同治理

研究［J］. 浙江大学学报（人文社会科学版），2018（5）：166-176.

　　［77］马学广，窦鹏. 中国城市群同城化发展进程及其比较研究［J］. 区域经济评论，2018（5）：105-115.

　　［78］方创琳. 改革开放40年来中国城镇化与城市群取得的重要进展与展望［J］. 经济地理，2018（9）：1-9.

　　［79］邹一南. 户籍改革的路径误区与政策选择［J］. 经济学家，2018（9）：88-97.

　　［80］张义博，刘敏. 户籍制度改革的边际落户效应［J］. 宏观经济管理，2018（9）：28-36.

　　［81］刘守英，王一鸽. 从乡土中国到城乡中国：中国转型的乡村变迁视角［J］. 管理世界，2018（10）：128-146，232.

　　［82］肖金成，刘保奎. 改革开放40年中国城镇化回顾与展望［J］. 宏观经济研究，2018（12）：18-29，132.

　　［83］李晓飞. 户籍分割、资源错配与地方包容型政府的置换式治理［J］. 公共管理学报，2019（1）：16-28，169-170.

　　［84］陈科霖. 中国撤县设区40年：回顾与思考［J］. 地方治理研究，2019（1）：2-19，78.

　　［85］赵军洁，范毅. 改革开放以来户籍制度改革的历史考察和现实观照［J］. 经济学家，2019（3）：71-80.

　　［86］陈妤凡，王开泳. 撤县（市）设区对城市公共服务配置和空间布局的影响与作用机理［J］. 经济地理，2019（5）：76-86.

　　［87］安树伟，张晋晋. 都市圈内中小城市功能提升机理研究［J］. 区域经济评论，2020（1）：117-124.

　　［88］欧阳慧，邓兰燕. 特大城市推进农民工落户的经验与启示：基于重庆市的调研［J］. 宏观经济管理，2020（1）：75-84.

　　［89］邬晓霞，黄艳，高见. 都市圈内中小城市功能提升对策研究［J］. 城市，2020（2）：18-26.

　　［90］范逢春. 城乡基本医疗卫生服务均等化的制度变迁与治理反思：基于倡导联盟框架的分析［J］. 中共宁波市委党校学报，2020（2）：5-14.

　　［91］魏后凯，李玏，年猛. "十四五"时期中国城镇化战略与政策［J］. 中共中央党校（国家行政学院）学报，2020（4）：5-21.

　　［92］冯奎，顾强. "十四五"时期城镇化改革的思考与建议［J］. 区

域经济评论, 2020 (4): 31-37, 2.

[93] 向运华, 曾飘. 城乡居民医保制度整合后的成效、问题及对策 [J]. 决策与信息, 2020 (4): 53-60.

[94] 郭先登. 论新型城市圈群 [J]. 经济与管理评论, 2020 (4): 133-146.

[95] 殷冠文, 刘云刚. 区划调整的城市化逻辑与效应 [J]. 经济地理, 2020 (4): 48-55.

[96] 张紧跟. 从放权强镇到市域整合: 尺度重组视阈中的珠三角"市管镇"体制再造 [J]. 广东社会科学, 2020 (4): 91-200, 256.

[97] 杨孟禹, 戴祎楠. 中国城市群战略变迁逻辑与"十四五"深化方向 [J]. 开发研究, 2020 (5): 92-101.

[98] 肖金成, 马燕坤. 西部地区区域性中心城市高质量发展研究 [J]. 兰州大学学报, 2020 (5): 20-27.

[99] 中国宏观经济研究院国土开发与地区经济研究所课题组. 中国新型城镇化空间布局调整优化的战略思路研究 [J]. 宏观经济研究, 2020 (5): 5-17, 40.

[100] 董世洪. 城乡融合发展中的农村居民市民化协同联动机制 [J]. 浙江工商大学学报, 2020 (6): 121-130.

[101] 叶兴庆. 在畅通国内大循环中推进城乡双向开放 [J]. 中国农村经济, 2020 (11): 2-12.

[102] 彭浩然, 岳经纶. 中国基本医疗保险制度整合: 理论争论、实践进展与未来前景 [J]. 学术月刊, 2020 (11): 55-65.

[103] 苏红键. 构建新型工农城乡关系的基础与方略 [J]. 中国特色社会主义研究, 2021 (2): 46-55.

[104] 涂圣伟. "十四五"时期畅通城乡经济循环的动力机制与实现路径 [J]. 改革, 2021 (10): 22-30.

[105] 贺雪峰. 区域差异与中国城市化的未来 [J]. 北京工业大学学报, 2022 (5): 67-74.

[106] 李国平, 孙瑀. 以人为核心的新型城镇化建设探究 [J]. 改革, 2022 (12): 36-43.